Hizawa Yoshihiko
樋澤吉彦

ソーシャルワーク専門職資格統一化のゆくえ

相模原事件と「日本精神保健福祉士協会」の動向

生活書院

ソーシャルワーク専門職資格統一化のゆくえ
――相模原事件と「日本精神保健福祉士協会」の動向

目次

第2章　「事件」を契機とした精神保健福祉制度の動向　その2

――「あり方検討会報告書」の趣旨転換の様相

第3章　「事件」を契機とした精神保健福祉制度の動向　その3

――「二〇一九年改正法案」に対する「協会」の見解・要望の妥当性

第5章　"Psychiatric Social Worker"から"Mental Health Social worker"への略称変更の妥当性　その2
——精神保健福祉士法制定時の国会議事録にみる「分業」化の根拠

終　章

序　章

1　本書の目的

本書は、精神障害者の社会復帰「促進」を担うソーシャルワーク専門職（主に精神保健福祉士）の職能団体である日本精神保健福祉士協会（Japanese Association of Mental Health Social Workers〔略称：JAMHSW〕。以下、旧団体である日本精神医学ソーシャル・ワーカー協会含めて「協会」と略す）によるソーシャルワーク専門職の「分立」化を前提とした精神保健福祉士の「職域拡大」志向の様相について検証することを目的としている。本書の主題は換言すればすなわち、「協会」動向の精査を通したソーシャルワーク専門職統一化のゆくえ、となる。検証は下述の二つの事象の精査を通して行われる。

第一の事象は、二〇一六年七月二六日未明、神奈川県相模原市にある障害者施設「津久井やまゆり園」において当該施設の元職員U（以下、Uと略す）により入所者一九名が刺殺され、職員を含む二七名が重軽傷を負わされた事件（以下、「事件」と略す）後の「協会」による「職域拡大」志向の様相である。二〇一七年二月二八日、第一九三回国会に「事件」を契機として精神保健及び精神障害者福祉に関する法律（以下、精神保健福祉法と略す）に定められた強制入院の一つである「措置入院」とその解除後の「アフターケア」の強化が盛り込まれた改正精神保健福祉法案（以下、「二九年改正法案」と略す）が上程された。しかし上程後、法提案趣旨が、法案の中身は未修正のままであるにも関わらず「同様の事件の再発防止」から「社会復帰の促進」へと事前の通告等も無く突然、修正・転換がなされたことにより、そもそもの立法事実の疑義が呈され結果的に廃案となった。ところが「協会」は以上の顛末に比して、「社会の安全」を第一義的に志向した措置入院退院者の地域における監視強化という実質はそのまま残置された「二九年改正法案」の表層的な趣旨転換に肯定的評価を示したうえで、法内における措置入院（退院）者に対する排他的職能獲得活動を積極的に展開した（第一章〜三章）。

第二の事象は、「協会」が精神保健福祉士の略称を〝Psychiatric Social Worker〟（「PSW」）から〝Mental Health Social worker〟（「MHSW」）へと正式な手続きを経て変更した事象である（二〇二〇年六月二一日開催の「協会」第八回定時総会にて「定款の変更に関する件」として提案の後、承認。詳細は脚注16参照)。略称変更の根拠について「協会」は、端的に精神保健福祉士の活動領域がメンタルヘルス領域に拡大しているという点を挙げている。本事象は第一の事象と比較するといっけん些細なことに見えるかもしれない。しかし筆者は、第二の事象は既に在ったソーシャルワーク専門職資格である「社会福祉士」とは「別建て」資格として「早急」に精神保健福祉士法（一九九七年成立。以下、「士法」と略す）が必要とされた「根拠」を揺るがす重大な事象であると考えている。「士法」制定時の公衆衛生審議会（一九九七年二月二六日開催、以下、「審議会」と略す）の議事録、及び国会委員会における質疑／答弁を精査するかぎり、社会福祉士とは「別建て」資格として精神保健福祉士を創設した第一義的且つ「限定」的な目的は、精神科病院に入院しているものの地域における社会復帰体制が完備されれば退院可能な状態の「患者」（社会復帰の「途上」にある者）の退院促進であり、既に社会復帰している精神障害者に対する関与を含むメンタルヘルス領域は、精神保健福祉士の業務対象外であるとの見解が明確に示されていた。「士法」制定時における当該資格の必要性に関する議論は、対象者の「社会復帰」の「能否」を基準として「分業」の根拠を明確且つ強固にする過程であったのである。しかし現在、「協会」は自らの領域（職域）拡大の現況を根拠として「ＭＨＳＷ」へと略称変更を行った上で、更なる「越境」の意思を示している（第四章〜五章）。

上述した通りこの二つの事象を「同列」にならべて検証することついては、当該事象の「重大性」の「濃淡」をふまえると違和感を覚えるかもしれない。しかし筆者は「協会」による領地越境志向のあらわれという点においては同じ俎上に載せたうえで精査すべき事象であるとつよく考えている。

二つの事象から言えることは、「協会」が「社会復帰」概念の定義とその振幅の位置決めを留保したままそれの「促進」と「実現」を名分として積極的に職能領域を拡大する方向に舵を切っているという点である。この「協会」の動向は、二〇〇一年六月八日に大阪教育大学教育学部附属池田小学校に侵入した男により児童八人が刺殺され、児童一三人と教諭二人が重軽傷を負わされた事件（以下、「池田小事件」と略す）がその制定の「加速」の契機となった心神喪失等の状態で重大な他害行為を行った者の医療及び観察等に関する法律（二〇〇三年成立、以下、医療観察法と略す）における「社会復帰調整官」等の職務要件獲得のための積極的な活動様態ときわめて類似している。

専門職能団体による「職域拡大」のための種々の活動じたいは、自らの社会的地位と認知度の向上、そしてそれをもって各領域に所属する当該専門職の待遇改善を志向するという職能団体の「本能的」活動でもあり批判されるべきことではない。しかし当該活動が許容される前提として当該専門職の「制度」としての専門職能（「新」領域における排他的職能）獲得の「始点」の精査が必須となる。この点において二つの事象には共通して許容し難い「不備」が存すると筆者は考えている。すなわち、「職域拡大」や「略称変更」を志向する際に必然的に付随する領域の「住み分け」の課題である。

「協会」は概念定義が不明確なままの「社会復帰」を如何なる理路で自らの職域拡大に「活用」

しているのか。本書は、今後数年のうちには「統一」の可否について一定の道筋を示さざるを得ない状況にあるソーシャルワーク専門職資格のゆくえに関する議論の「穴」を埋める意味合いを持つものであると考えている。本書はその取り急ぎの「成果」である（「成果」という言葉の使用には、本主題の文脈においては若干の躊躇があることもここに記しておく。その理由は「あとがき」で述べている）。

2　本書主題の背景

筆者はこれまで、その検討過程より事実上の保安処分であるとの強い批判に晒されてもいる医療観察法に対して、「精神障害者の社会的復権と福祉のための専門的・社会的活動を進めること」（「協会」ウェブサイト内「協会の概要」より）（日本精神保健福祉士協会 2015-）を旨とする「協会」が当初は反対の立場を表明しつつも、他方で本法における職能の確保を見越してやや不分明な態度をとりながら、その成立に実質的かつ積極的に関与し、結果的に本法で規定された「精神保健参与員」及び「社会復帰調整官」の職務要件を獲得するに至った経緯について検討を行ってきた[1]。医療観察法は「池田小事件」を契機として検討が「加速」され可決・成立に至ったことは先述の通りである。

医療観察法は当初、「再び対象行為を行うおそれ」（再犯のおそれ）を処遇要件として規定するなど保安処分としての色合いが濃厚であったため、国会審議でもその点について批判が集中した。しかしその後、処遇要件が「再び対象行為を行うことなく社会に復帰するための医療の必要性」の有無へと突如修正された。具体的には①疾病性、②治療可能性（治療反応性）、そして③社会復帰（阻害）要因の三要因が医療観察法の法対象者に一定基準以上存在すると審判において認定された場合、入院もしくは通院治療が施されることになった。しかし修正後の処遇要件のうち③の要因は医療観察法による医療を受けさせなければその精神障害のために社会復帰の妨げとなる同様の行為、すなわち再犯の具体的・現実的な可能性があることとされている。名目上は対象者の「社会復帰」のための法律であることを前面に押し出すかたちに修正されており、一定程度、保安処分の色合いを薄めることには成功しているものの、そこで規定されている「社会復帰」は再犯可能性の除去という色合いを含んだものであった。以上のように医療観察法は、「社会復帰」には対象者に重きを置いた字義通りの社会復帰（支援）と「社会の安全」に重きを置いた保安志向の社会復帰という両義性が内包していることを如実に示すことになった。

「協会」は医療観察法における「社会復帰」に内包する両義性を否定することなく、当該法の修正案に対しては比較的好意的な態度を示しつつ、加えて精神障害者の社会復帰支援という職能に排他的に専門性を有する精神保健福祉士こそが③の要因除去を担う最適な専門職であるとして種々の働きかけを行い、結果として上述の通り医療観察法に積極的に関与することに成功した。

筆者が「事件」とその後の精神保健福祉及び「協会」の動向に関心を置く理由は三点ある。第一は、先述の通り筆者はこれまで医療観察法に対して「協会」が積極的に関与するに至った経緯について整理検討を行ってきたが、「協会」が「二九年改正法案」に対しても、排他性を有した職能として精神保健福祉士を活用させることを積極的に提案していたという点である。第二は、Uと医療観察法成立の加速の契機となった「池田小事件」の犯人の両者ともに、当該事件遂行以前に精神保健福祉法に基づく措置入院歴があり且つ比較的短期間で退院をしていた事実のみが際立って取り沙汰され、事件当時の精神疾患の有無等が不明瞭なまま、結果的に精神保健福祉法の制度上の不備がことさら強調されることとなり、その改善を加速させる契機となったという点である。そして第三は、医療観察法の審議過程においても、「二九年改正法案」の審議過程においても、審議初期の段階では法案趣旨に「再発防止」を謳っていたにもかかわらず、その審議の最中に突如、法の趣旨が対象者の「社会復帰」に力点を置いたものへと修正がなされており、且つそれに対して「協会」が一定の評価をしている点である。

前著の書評（橋本 2018）に対するリプライ（樋澤 2018）の最後に述べたことをここに再掲しておく。本書はいっけん喫緊の事象をジャーナリスティックに取り上げ、その詳解に終始しているようにみえてしまうきらいがあるかもしれない。そのような要素が内包されていることは否めない。しかし筆者の問題関心の基底には社会福祉的支援を排他的に履行する職能を目指しているソーシャルワーカーの専門性／専門職性の「由来」の探索がある。ある時点において既に「獲得」されており、それを履行することが当該専門職の「当然」の職務のように捉えられがちな排他的職能（専門職性）が、ほんらいどのような事象を契機として、どのような政治力学のもとでそれを獲得したのかということについての検証作業は、当該専門職がこの世に登場した必然とそれとの「ズレ」の有無の確認が可能となる。本書はその道程の端緒の意味を持つものであると筆者は考えている。

3　本書の構成

本書の概要は次の通りである。

第1章では、「事件」を契機として公表された二つの報告書、すなわち神奈川県が設置した「津久井やまゆり園事件検証委員会」（二〇一六年九月二一日〜同年一一月二二日。以下、「検証委員会」と略す）により二〇一六年一一月二五日に公表された「津久井やまゆり園事件検証報告書」（以下、「県報告書」と略す）及び厚生労働省（以下、厚労省と略す）が設置した「相模原市の障害者支援施設における事件の検証及び再発防止策検討チーム」（二〇一六年八月一〇日〜同年一一月一四日。以下、「国検討チーム」と略す）により二〇一六年九月一四日に公表された「中間とりまとめ〜事件の検証を中心として〜」（以下、「中間とりまとめ」と略す）をふまえて二〇一六年一二月八日に公表された「報告書〜再発防止策の提言〜」（以下、「国報告書」と略す）の要点整理を行っている。

第2章では、「事件」の検証報告であるはずの「中間とりまとめ」及び「国報告書」が、二〇一三年の改正精神保健福祉法（以下、「二五年改正法」と略す）提案時の「検討規定」をふまえて、第四一条第一項及び附則第八条に基づき二〇一六年一月七日に設置された「これからの精神保健医療福祉のあり方に関する検討会」（二〇一六年一月七日～二〇一七年二月八日）（以下、「あり方検討会」と略す）により「二九年改正法案」の土台となった「報告書」（「あり方検討会」により二〇一七年二月八日に公表。以下、「あり方検討会報告書」と記述）の趣旨転換に接続するまでの経緯の詳解を行っている。

第3章では、「事件」から「二九年改正法案」に至るまでに「協会」から発出された一一の見解・要望の詳解を行っている。

第4章では、「協会」が、その「対象」、「役割」及び「領域」が「拡大」していることを根拠として、その略称を「ＰＳＷ」（Psychiatric Social Worker）から「ＭＨＳＷ」（Mental Health Social Worker）へと正式に変更したことの妥当性検討の端緒として、「社会福祉士」とは別建てで制度化した「士法」制定時の根拠について整理検討を行っている。

第5章では、「協会」による精神保健福祉士の略称変更の妥当性について、「士法」制定に直接かかわる国会委員会における審議内容の精査を通して、「士法」制定当時、既に国家資格として制度化されていた社会福祉士、及びやはり国家資格化を目指していた医療機関におけるソーシャルワーカー（ＭＳＷ→ＳＷＨＳ）[2]との制度としての「分立」化の根拠について整理検討を行っている。

終章では本書のまとめに加えて、「協会」による「社会復帰」を補助線とした「職域拡大」志向の明確な意思の発露に関する「更なる事象」として、子ども家庭福祉分野における新たなソーシャルワーカー専門職国家資格化構想に関する議論、及び「ソーシャルワーク関係団体のあり方検討プロジェクト」（二〇一八年七月～二〇二〇年六月）の最終回（二〇二〇年六月二日）出席者（ソーシャルワーカー関連四団体〔公益社団法人日本社会福祉士会、公益社団法人日本精神保健福祉士協会、公益社団法人日本医療ソーシャルワーカー協会、特定非営利活動法人日本ソーシャルワーカー協会〕で構成されている「日本ソーシャルワーカー連盟」。以下、「連盟」と略す）の間で「合意」されたとされる現時点では公表されていない「ソーシャルワーク関係団体のあり方に関する覚書」（以下、「覚書」と略す）に関する「協会」対応事象について、今後の研究課題としてその概要について触れている。

第1章

「事件」を契機とした精神保健福祉制度の動向　その1

――「県報告書」と「国報告書」の要点

本章から第3章までは序章で提起した第一の事象、すなわち「事件」後の「協会」による「職域拡大」志向の様相について順を追って整理検討していく。具体的には（1）「事件」を契機として当初検討されていた「改正」の方向性が修正された「二九年改正法案」は「何」を志向しているのか、及び（2）「協会」は「二九年改正法案」において「社会復帰」をどのように捉えたうえで如何なる職能獲得を目指したのかという二点に絞り詳述する。

さきに本章では、上記二点の解明の前提として「事件」の概要を述べた後、「事件」を契機として「検証委員会」により同年一一月二五日に公表された「県報告書」及び「国検討チーム」により公表された「中間とりまとめ」をふまえて同年一二月八日に公表された「国報告書」のそれぞれの要点整理を行う。

「事件」の被害者施設である障害者支援施設「社会福祉法人かながわ共同会津久井やまゆり園」（当時）については県報告等に記載されていることもあり、本書では法人名は「共同会」、施設名は「やまゆり園」と略してそのまま使用する。また、「県報告書」、「中間とりまとめ」、及び「国報告書」からの引用に関してのみ、それぞれ（県〔ページ番号〕）、（「中間とりまとめ」〔ページ番号〕）、（国〔ページ番号〕）と記載する。

なお「二〇一五年改正法」提案時の「検討規定」では当初「施行後三年を目途として（中略）医療保護入院における移送及び入院の手続の在り方、医療保護入院者の退院を促進するための措置の在り方、入院中の処遇、退院等に関する精神障害者の意思決定及び意思の表明の支援の在り方について検討を加え、必要があると認めるときは、その結果に基づいて所要の措置を講ずる」（精神保健福祉研究会 2016：51）とされていた。筆者は「県報告書」及び「国報告書」に示された方向性、「二〇一九年改正法案」の趣旨、そして「協会」による一連の見解及び要望の趣旨を正確に理解するためには、「事件」を基点とするのではなく、「あり方検討会報告書」を「補助線」としなければならないと考えている。同時に、特に「協会」が、各方面から反対や疑義の声が上がっていた「二〇一九年改正法案」に一定程度、肯定的評価を示している理由を検討するためには、少なくとも「二〇一五年改正法」前後の「協会」及び関係者の言説まで遡る必要があると考えている。「あり方検討会報告書」及び「協会」による一連の見解・要望の各概要については次章で検討する。

1　Uが「事件」に至るまで

「事件」については「県報告書」においてUが「事件」遂行に至るまでの経緯について「事実関係」、「課題」、「委員会としての見解」に分けて時系列にて詳細が示されている。本節では「県報告書」における記載を基本として、適宜「中間とりまとめ」及び新聞記事等を引用し、本書の目的の範囲内においてUが「事件」に至るまでの概要を述べる。

「事件」は二〇一六年七月二六日（火）午前二時四五分頃に発生した。やまゆり園に刃物を持ったU（当時二六歳）が施設の窓ガラスを割って侵入し（県19）、入所者四三名、職員三名が刺されるなどし、一九名（男性九名、女性一〇名）が死亡、職員三名を含む二七名（男性二二名、女性五名）が負傷した（県3、19）。死亡した一九名は全員やまゆり園の入所者であり、うち、障害支援区分6が一六名、区分5が四名であった（福祉新聞 2016）。同日午前三時頃、Uは神奈川県警津久井署に車で移動して出頭し、殺人未遂などの容疑で逮捕される。同日午前、容疑を殺人に切り替えたうえで横浜地検に送致された（朝日新聞 2016）。

Uは二〇一二年九月に共同会の採用試験を受験し、二〇一三年四月一日からの採用内定を得る（県5）。実際は採用試験以後の二〇一二年一二月から二〇一三年一月まで日中の「支援補助」として「非常勤雇用」されている。その後同年二月に「臨時的任用職員」としてやまゆり園内のホームに配属されている（県5）。同年四月から「常勤職員」として雇用されている（県5）。

常勤雇用直後の同年五月頃から「支援技術の未熟さ」や「服務上のだらしなさ」が見られるようになり、たびたび上司から指導される場面があったが、Uには「謝罪する」、「改める」という「誠意のある態度」はなかった（県5）。二〇一四年一二月三一日、同僚職員が入浴支援中のUに刺青があることを発見。やまゆり園は共同会顧問弁護士、津久井警察署等と相談のうえ、翌二〇一五年二月六日と一七日にやまゆり園園長と総務部長等がUへ指導を行っている（県6）。この後、同年六月二八日にJR八王子駅にて暴行事件を起こし、同年一二月一〇日に警視庁八王子署より傷害容疑で書類送検されている（福祉新聞 2016）。

二〇一六年二月一四日、Uは衆議院議長公邸に行き手紙を渡したいと公邸職員に伝えるも休日で対応できないといわれ、翌一五日に再度、公邸に出向き、「土下座」（朝日新聞 2016）で頼み込み受理された（県7）。手紙には障害者を抹殺することができる旨の記載があった（朝日新聞 2016）。同日、津久井警察署よりやまゆり園に「最近の様子や勤務シフト」に関する問い合わせがあった。翌一六日、麹町警察署から共同会事務局に、Uが議長公邸宛に手紙を持参した旨、犯罪にはならない旨、そして本人の不利益にならないようにしてほしい旨の電話があった（県7）。同日、津久井警察署員がやまゆり園を訪れ、手紙の件についてその内容とともに話がなされた（県7）。手紙は「信書」であること等を理由にやまゆり園には開示しなかった（県9）。同一九日、やまゆり園は、隣室に津久井警察署員等を待機させたうえでUと面接を行い、これまでの施設内での言動や手紙について考えを聞いたところ「園内での発言は自分が思っている事実であり、約一週間前に手紙を出した。自分の考えは間違っていない。仕事を続けることはできない」、「今日で退職する」と申し出た(県9-10)。Uは、その場で辞職願を記入し提出、荷物をまとめ鍵を返却した(県10)。同日一二時四〇分頃、Uは警察官職務執行法第三条に基づき保護されて津久井警察署へ同行した(県10)。同日一四時三〇分頃、精神保健福祉法第二三条による警察官通報が行われ、同日二〇時一〇分に北里大学東病院に緊急措置診察のため移送のうえ診察が行われ、主たる精神障害を「躁病」と診断され、同日二一時三〇分に緊急措置入院、同二二日に措置入院となった(県10-11)。緊急措置診察をした精神保健指定医は診察時の特機事項として「『世界の平和と貧困』、『日本国の指示』、『抹殺』などと言った思考が奔逸しており、また、議員議長公邸に手紙を渡しに行くといった衝動性、興奮、また気分も高揚し、被刺激性も亢進しており、それら精神症状の影響により、他害に至るおそれが著しく高いと判断されるため、措置入院を必要とした」と記載している(「中間とりまとめ」8)。「中間とりまとめ」ではこの指定医の判断について、Uの手紙の内容のような主張は「本人の思想信条の範疇とも捉え得るが、これを誇大的かつ論理が飛躍した考えと捉えることも可能」であり、「実際に衆議院議長公邸に手紙を渡しに行くといった脱規範的な行動を認めたことから」、「躁病による躁状態を疑い、精神障害であると判断したもの」としている(「中間とりまとめ」8)。措置診察については一名の精神保健指定医が主たる精神障害を「大麻精神病」、従たる精神障害を「非社会性パーソナリティ障害」と診断し、もう一人の精神保健指定医は主たる精神障害を「妄想性障害」、従たる精神障害を「薬物性精神病性障害」と診断しており、診断結果が一致していないが「他害のおそれがある」という点については一致していたため措置入院となった（「中間とりまとめ」10‐12）。

その後、同3月2日、同病院指定医よりUの主たる精神障害を「大麻使用による精神」及び「行動の障害」としたうえで、「他害のおそれはなくなった」として「措置入院者の症状消退届」が相模原市に提出される（県12‐13）。「退院後の帰住先」は「家族と同居」と記載されていた（県13）。同日、入院措置解除となる（県13）。実質一〇日間の入院であった。その後、同月三日にUよりやまゆり園に退院した旨の電話があった（県13）。Uは、実際は両親のいる八王子市ではなく相模原市に帰住しており、同月三〇日には生活保護受給相談のために相模原市福祉事務所を訪問していた（県15）。外来受診は同月二四日と三一日にした以降は途絶えていた（県15）。主治医は三一日の診察の際、Uより失業給付受給に伴う就労可否等証明書の作成を求められた際、「処方薬を殆ど内服していないにも関わらず、抑うつ状態は改善傾向にあった。このため『躁うつ病』とは考えにくかったが、容疑者の薬物の再使用を予防するためには、通院の継続が必要と考え」、「通院を継続すれば公的な支援を受けられることを示すことにより、通院動機を高めようとした」（「中間とりまとめ」25）。

同月二日、やまゆり園付近で職員がUの車を見たとの情報等もあり、同月、やまゆり園は津久井警察署に「特定通報登録者」登録手続きを行い（県13）、また四月には津久井警察署の助言を受けて一六台の防犯カメラを設置した（県14）。五月三〇日、Uは退職金の受給手続きのためにやまゆり園を訪問している。「事件」前のやまゆり園との接触はこれが最後となる（県15）。上述の通り七月二六日、「事件」発生に至ることになる。

2　「県報告書」及び「国報告書」の要点

本節では「事件」発生後に神奈川県に設置・検討の上公表された「県報告書」、及び同じく厚労省に設置・検討の上公表された「国報告書」の内容の要点整理を行う。特に後者の「国報告書」及びその前提となる「中間とりまとめ」は「あり方検討会報告書」に影響を与え、且つ後に国会上程されることになる「二九年改正法案」当初案に対して軽忽な趣旨の付記を許したものの、その後の趣旨取り下げとそれによる立法事実の存否にかかわる厳しい批判と審議の混乱を引き起こした契機となる（第3章）。そもそも、「あり方検討会」は先述の通り「二五年改正法」の「検討規定」に基づき施行後三年を経て改正の要の可否を検討することを目的として設置されたものである。しかしながら「事件」後、二〇一六年九月三〇日の第三回目会合から会議時資料として「中間とりまとめ」が当日配布資料として登場し「事件」をふまえた対策の検討も行われることとなり、結果的に「あり方検討会報告書」は「国報告書」の「内容を追認」（福祉新聞 2017）するものとなった。

それに対して「県報告書」は後述の通り「事件」が神奈川県の指定管理者である共同会で発生したということをふまえて「県や共同会などの関係機関等の対応についての検証」に主眼が置かれた

ものとなっており、「課題への検討は他に譲ることとしたい」（県1）として、あくまで関係機関の連携（の不備）に焦点があてられたものとなっている。その意味において「県報告書」は「二九年改正法案」に対しても「国報告書」とは異なり直接的な影響を与えたものとは言えない。しかし「県報告書」は後述の通り執拗といってもいいほどに「事件」発生前後の共同会の県への報告の不備を指摘しており、今後の再発防止に活かすために警察を含めた関係機関同士の連携に言及している。この点については次章で詳述する「二九年改正法案」に盛り込まれた保健所設置自治体の義務事項と規定されている「退院後支援計画」作成の前提となる「精神障害者支援地域協議会」の設置案に結び付くものといえる。「二九年改正法案」では、精神障害者支援地域協議会は「代表者会議」と「個別ケース検討会議（調整会議）」の二つの会議により構成されている。そのうち前者の参加者には「確固たる信念を持って犯罪を企画する者」及び「入院後に薬物使用が認められた場合の連絡体制」といういわゆる「グレーゾーン事例」への対応を考慮して「警察」がメンバーに入っている。この点は「二九年改正法案」に対する厳しい批判の一つとなっている。その意味において「県報告書」の内容の要点整理も必須であると考える。

2-1 「県報告書」——共同会・やまゆり園と県との関係の不備

「検証委員会」は「事実関係を把握した上で」共同会の対応について「専門的な見地から検証し、今後の再発防止策を検討する」ことを目的として二〇一六年九月一三日に五名の委員により設置された（神奈川県保健福祉局福祉部障害福祉課二〇一六年九月一三日記者発表資料）。但し、ここでいう「再発防止策の検討」の意味は、「被疑者の行為自体がなんらかの対応をしていれば防げたものであるかどうかについて、確定的な判断をもって本委員会として対応策を検討し、報告するものではない」とされ、「誰かがこれをしていれば防げたのではないかというような関係者の責任を追及することを目的とするものではなく、起こった事実から多くを学び取り、今後の再発防止に活かすこと」とされている（県1）。

委員の内訳は学識経験のある者として石渡和美東洋英和女学院大学教授（障害者福祉論専攻）を委員長としたうえで、法務に関する識見のある者（副委員長、弁護士）、障害者福祉施設の事業内容に精通した者（神奈川県知的障害者施設団体連合会会長）、施設利用者代表者（神奈川県知的障害者施設保護者会連合会副会長）、防犯対策に関する識見のある者（神奈川県防犯連絡会会長）となっている。「施設利用者代表者」である神奈川県知的障害者施設保護者会連合会は「神奈川県内にある知的障害児・者（中略）の各種支援施設における保護者会（家族会）で構成する連合体」（神奈川県知的障害者施設保護者会連合会ホームページ）と説明されているように「障害当事者」の団体ではない。また医師等の医系委員は含まれていない。なお、共同会理事長、常務理事、やまゆり園園長、事務局長、神奈川県警察本部生活安全部生活安全総務課長、相模原市健康福祉局福祉部精神保健福祉課長、同担当課長が「関係出席者」として明記されている。「検証委員会」は同年九月二一日に第一回会合を開催し、その後現地調査を含み計七回開催の後、同年一一月二五日に「県報告書」を知事に提出している。会議は原則非公開とされておりその都度の出席者名や議事録等は公開されていない[3]。

「県報告書」は「検証委員会」が把握した時系列の「事実関係」及びその一つひとつの「課題」と「検証委員会」としての「見解」が示された第一部と、「対応として考えられる取組み」について述べられた第二部の二部構成となっている。第二部は「危機対応に当たっての考え方」、「関係機関の情報共有のあり方」、「社会福祉施設における安全管理体制における課題」、そして「障がい者への偏見や差別的思考の排除」の四節で構成されている。「県報告書」は関係機関との連携(情報共有)とそれの不備による共同会及びやまゆり園の安全管理対策(防犯対策)の課題に焦点が絞られている。ここでいう「関係機関」とは共同会及びやまゆり園と、県及び神奈川県県警との関係のことである。「県報告書」はあくまで各事象の前後における関係機関同士の連携における課題の顕在化に重点が置かれている。U自身の人間像や精神疾患の有無等については「何故こうした考えを持つに至ったのかということについては、被疑者の精神鑑定が行われ、事件の全容が明らかになるまで、正確に把握することはできない」(県35)としており、それに主軸が置かれているわけではない。

「県報告書」の要点は共同会及びやまゆり園側の県への報告・連絡の不備に収斂されている。この点が特に顕著な箇所は、Uが措置入院となり、その後退院した後の共同会及びやまゆり園の対応に対する指摘である。

Uが衆議院議長公邸に持参した手紙について、警視庁より手紙の写しを受領した津久井警察署幹部職員二名は、前節で上述した通り二〇一六年二月一六日にやまゆり園を訪問し、手紙の存在とその内容について説明はしたものの、手紙そのものは共同会及びやまゆり園に見せることは無かった。この点について「県報告書」は「園は津久井警察署による情報提供に基づき緊急的な対応を取っていることからしても、事実に関する必要な情報共有が図れていなかったとは言えない。この時点で（津久井警察署が：筆者注）手紙を見せなかったことが、特に適切でなかったというべき事情は見当たらない」（県7）としており、津久井警察署の判断に大きな瑕疵はないという判断を示している。それに対して共同会及びやまゆり園については、手紙の内容をみることができなかったとしても危機意識をもつことはできたはずであり、県への情報提供をすべきであったとしている。同様に、この四日後にUは退職し直後に緊急措置入院となったが、「施設の利用者に危害が及ぶ可能性があるという情報を津久井警察署から伝えられた時点で、県に報告をしておくことが望ましかった」（県7）としており、共同会側の「危機意識の弱さ」が強調されている。

Uの措置解除後から「事件」に至る過程において、共同会及びやまゆり園が津久井警察署の「助言」を受けながらも県への報告を怠っていた点については、「指定管理で預かる施設の利用者の生命に関わる危険情報を認識していたのであるから、それを県に報告しなかったことは、指定管理者として非常に不適切」（県7-8）というように、他の箇所と比べても厳しい表現でその対応の不備について指摘している。共同会が上述の通り同年四月にやまゆり園に防犯カメラ設置に係る協議文書を県に提出した際もUについての情報共有は県にはしておらず、この点についての共同会の不備も指摘されている。しかし「設置理由に特段の事情があるとの想定には至らず、特に共同会に問い合わせ等をすることもなく、通常の処理を行った」(県14)県の対応については、「その前々年に共同会の他施設で同じく防犯を理由に八台のカメラを設置することについての協議があったとしても今回の防犯カメラの設置目的について、改めて共同会に確認するなど、些細なことに見えることであっても施設管理の状況について十分に意思疎通し、把握しようとする姿勢・体制が必要」(傍点筆者、県17)といったように、特定の時期に一度に一六台の防犯カメラを設置する旨の協議文書の内容を「些細なことに見える」事象との認識を示したうえで一般的な指摘に終始している。

「事件」当日の共同会及びやまゆり園の対応についても、県に「事件」の報告の電話があったのは「(午前:筆者注)五時過ぎ」であったことを取り上げ、「共同会は、負傷者の対応、職員・利用者の家族やマスコミからの問い合わせ対応に奔走していたことはうかがえるが、このような緊急事態が発生した際には、直ちに施設設置者である県に報告すべきであった。(中略)共同会は指定管理者としての県への報告義務について十分に認識していたとは言い難い」(傍点筆者、県8)として、ここでも県への報告の不備について厳しく言及している。「事件」は、職員を結束バンドで縛って身動きが取れない状況にしたうえで、「約五〇分」の間(朝日新聞 2016)に入所者一九名を刺殺、職員を含む二七名に重軽傷を負わせるという惨劇であった。筆者にはにわかに想像できないようなシビアな場景であったと考えられるが、「事件」のような惨劇が発生した直後に果たして「直ちに」「県に報告」するなどという機転のきいた対応が可能なのか、といった「検証」はなされていない。

「事件」当日の県の対応は如何なるものであったのか。「事件」発生後、共同会による県への報告まではたしかに二時間のブランクがある。むろんこの間は「県報告書」にも記載があるように夜勤職員が即時に一一〇番通報を行っており、五時にはやまゆり園駐車場に災害対策本部も設置されている。県の対応は「四時四六分」に報道で「事件」を知った担当職員が「メールで事件にかかる報告を求め」（傍点筆者、県19）ており、その後、「九時二〇分」に障害福祉課職員三名をやまゆり園に派遣している（県19）。この県の対応に対しては「県報告書」において特に指摘はされていない。

「県報告書」はこの後「社会福祉施設における安全管理体制のあり方」として「侵入を防いで犯罪の発生を防止する」観点、及び「被害の拡大を防ぐ」観点から、防犯カメラ、警備体制、施設の出入り、職員体制について言及している（県29－30）。さらに社会福祉施設における「被害に遭わない環境を作る工夫」として①対象物の強化・回避、②接近の制御、③監視性の確保、④領域性の強化の四つの手法からなる「防犯環境設計」の考え方を提案している。

「県報告書」は最後に「障がい者への偏見や差別的思考の排除」の節を設け、「社会における障がい者への偏見や差別的思考の排除」という一般的な理念に加えて、「福祉施設における人材育成」を本節において述べている。ここでは「共同会の人材育成や人権教育に不足があったため、この事件が発生したとするのは適切ではないと考えられる」と但し書きをしたうえで、福祉分野における人材育成についての再検討の必要性を述べ、結語としている。

以上のように「県報告書」は一貫して共同会及びやまゆり園側の県への報告・連絡の不備に力点

を置いたものとなっている。それでは仮に「事件」直後に適切に県へ報告がなされていたら状況は好転したのであろうか。「県報告書」では、「遅くとも防犯カメラの設置等を行うことになった時点で、「事件」の経緯を県に報告すべきであった」（県27）としている。仮に報告がなされていた場合、県は「防犯設備を強化したり、県警に連携を働きかけて警備体制の拡充を図るなどの対策を講じる余地」があったとし、「被害の発生や拡大を防止できた可能性も否定できない」（県27）としている。また県警を含めて「情報共有のあり方について協議する場があれば、より積極的な犯罪防止策が講じられた可能性」（県28）も否定できないとしている。しかしここで述べられている、県が「対策を講じ」られたであろう「より積極的な犯罪防止策」の具体的な中身は述べられてはいない。

2-2　「国報告書」――措置入院制度の不備

「国検討チーム」は同「設置要綱」の目的によれば、「事件」発生後、二〇一六年八月八日に「障害者施設における殺傷事件への対応に関する関係閣僚会議」が設置され、「厚生労働大臣を中心に関係閣僚が協力して」対応を早急に検討することとされたことにともない、厚労省において「当該事件の検証と再発防止策を検討するため」設置されたものである。上述の閣僚会議は、内閣総理大臣、法務大臣、文部科学大臣、厚生労働大臣、障害者施策に関する事務を担当する内閣府特命担当大臣、国家公安委員会委員長及び内閣官房長官をメンバーとして、「相模原市の障害者施設における殺傷事件を踏まえた対応について、関係行政機関の緊密な連携の下、これを総合的に推進することを目的」として同日を皮切りに計三回開催されている（同年九月一五日、一二月八日）。「国検討チーム」のメンバーは山本輝之成城大学法学部教授（刑法学専攻）を座長として、医系委員が四名、法学系委員が座長含めて二名のほか自治体福祉事務所、全国社会福祉法人経営者協議会、全国手をつなぐ育成会連合会の代表等がメンバーに名を連ねている。また、関係省庁として内閣府、警察庁、法務省、文科省、厚労省、神奈川県、及び相模原市も構成員となっている。

同八月一〇日に第一回目の会議が開催され、以後計八回の会議を経て、同年一二月八日に「国報告書」が公表されている。その間、同年九月一四日にはUの緊急措置入院から措置解除以降までの関係者の対応の詳細について適宜関係法令を引用しつつ整理された「中間とりまとめ」が公表されている。本節冒頭で述べた通り「中間とりまとめ」は精神保健福祉法「改正」に向けて議論がおこなわれていた「あり方検討会」第三回会議配布資料として俎上に載せられており、それまでの議論の方向性を一変させる契機となっている。

「国報告書」は「重視した三つの視点」として、①「共生社会の推進」、②「退院後の医療等の継続的な支援を通じた、地域における孤立の防止」、③「社会福祉施設等における職場環境の整備」を挙げている（国3）。冒頭にこそ共生社会の実現を掲げてはいるものの、「国報告書」の要点は以下に整理するように措置解除後の退院後支援のあり方に収斂されている。

「共生社会の推進」の箇所では、「今回の事件は、障害者への一方的かつ身勝手な偏見や差別意識が背景となって、引き起こされたものと考えられる」として共生社会の実現に向けた取組の推進の必要性について述べている（国3）。さらには「事件を実行した施設の元職員である男（中略）は、精神障害による他害のおそれがあるとして措置入院になっていたが、今回の事件は極めて特異なものであり、地域で生活する精神障害者の方々に偏見や差別の目が向けられることは断じてあってはならない」（傍点筆者、国4）と述べているように、「事件」と精神障害との親和性を否定している。

しかし直後の「退院後の医療等の継続的な支援を通じた、地域における孤立の防止」の箇所ではその項の冒頭において、「今回の事件において、容疑者は、措置入院先病院からの退院後に、医療機関や地方自治体から必要な医療等の支援を十分に受けることなく孤立していた。退院後に医療・福祉・生活面での支援を継続的に受けられる確実な仕組みがあれば、事件の発生を防ぐことができていた可能性がある」（傍点筆者、国4）というように、問題の焦点を措置解除後のフォローアップ体制に絞ったうえで、措置入院から退院した精神障害者一般の問題に敷衍して述べている。「国報告書」は、一方で「事件」の特異性を述べておきながら、他方で措置入院解除後の一般的な問題の帰結の一例として「事件」を規定したうえで、精神医療の枠組みで再発防止策を展開している。

「国報告書」は「再発防止ための具体的な提言」として、①「共生社会の推進に向けた取り組み」、②「退院後の医療等の継続支援の実施のために必要な対応」、③「措置入院中の診療内容の充実」、④「関係機関等の協力の推進」、⑤「社会福祉施設等における対応」の五点を挙げている。このうち②から④までの精神医療の枠組みにおける再犯防止策について、全二一ページのうち約五割を割いている。ただ①においても例えば「退院後の患者を孤立無援にさせない、安心して生活できる仕組みをつくるために、地域住民と行政、福祉、医療などによる包括的なケアを機能させること」（国5）という文言に見られるように、「事件」が措置解除後の精神障害者のフォローアップの不備という一般的な問題に起因するということを前提としている。

②以降は「事件」の特異性についてはもはやほとんど言及されることはなく、あくまで現行の精神保健福祉法の不備に焦点があてられる。ここで特に重要な提言は②及び④である。②ではUが「必要な医療等」の支援を受けていなかった原因として、「措置入院者の退院後の医療等の支援について、支援内容の検討や、支援を行う際の責任主体や関係者の役割、地方自治体を超えて患者が移動した場合の対応等が明確になっていなかった」点を挙げる（国8）。そのうえで「入院中から措置解除後まで、患者が医療・保健・福祉・生活面での支援を継続的に受け、地域で孤立することなく安心して生活を送ることが可能となる仕組み」の整備の必要性を述べている（国8）。ここでいう「仕組み」の具体策として、（1）「退院後支援計画」の作成、（2）「調整会議」の開催、（3）措置入院先病院における「退院後生活環境相談員」の選任、そして（4）措置入院先病院における「退院後支援ニーズアセスメント」の実施を提案する（国9-11）。第2章でその経緯について詳述するが、この四点の提案はほぼそのまま、上述の通り「二九年改正法案」に取り入れられた。

④では、「事件」とは別に措置診察の一般的な課題として、精神保健福祉法第二三条における「警察官通報」による措置入院につながる割合の「地方自治体ごとのばらつき」を挙げ、その原因として「措置診察や措置入院の判断に当たってのチェックポイントや手続きが明らかにされていな

い」ことを指摘する（国15）。加えて「事件」については、Uの「大麻所持が疑われる情報が、措置権者である相模原市から、警察等の関係機関に提供されなかった」ことを取りあげ、「措置入院の過程で認知された犯罪が疑われる具体的な情報について、地域の関係者間での円滑な共有のあり方が必ずしも協議されていなかいことが明らかとなった」と指摘する（国15）。さらには「緊急措置診察や措置診察の時点で他害のおそれが精神障害によるものか判断が難しい事例」（グレーゾーン事例）について、「医療・福祉による支援では対応が難しいものについて他害防止の措置を執れるようにすることについては、人権保護等の観点から極めて慎重でなければならない」（国16）と付記しつつ、「都道府県知事等や警察などの関係者が共通認識を持つべき」との指摘を行っている（傍点筆者、国15）。上述したように警察の関与については「国報告書」を採用するかたちで、「二九年改正法案」に新たに導入されようとしていた「精神障害者支援地域協議会」の二つの会議のうちの一つである「代表者会議」メンバーの一員になっていることにより具現化が企図された。

「国報告書」は最後に「措置入院者に対する退院後の医療等の継続的な支援や、入院中の診療内容の充実については、そのいずれについても実効性を持って行われるようにすることが重要」であるとして、「あり方検討会」等における検討を提案している（国19）。「あり方検討会」は「事件」後、特に「中間とりまとめ」及びこの「国報告書」を追認するかたちとなった。

3　小括

以上、本章では「事件」の概要を整理したうえで、「二〇一九年改正法案」に影響を与えることになったと考えられる「県報告書」及び「国報告書」の要点整理を行った。

「県報告書」の要点はUを雇用していた共同会及びやまゆり園の県への報告・連絡の不備の指摘にある。

しかし共同会及びやまゆり園の「事件」前後の対策には必ずしも致命的な瑕疵は見当たらない。また仮に共同会及びやまゆり園と県との連携が適切に行われていたと想定した場合、県が講じることができた可能性のある犯罪防止策の中身については述べられていない。

「国報告書」は冒頭で「事件」の特異性を指摘したうえで共生社会の推進を掲げているものの、その後は全体の五割近くを割いたうえで精神障害者一般の問題に敷衍して精神保健福祉法における措置入院制度の不備、特に措置解除後のフォローアップ体制の不備に焦点化している。「国報告書」はそのうえで、（1）「退院後支援計画」の作成、（2）「調整会議」の開催、（3）措置入院先病院における「退院後生活環境相談員」の選任、（4）措置入院先病院における「退院後ニーズアセスメント」の実施の四点の提案を行っている。Uの診断が精神疾患のカテゴリーに入るか否かが不明瞭であるにも関わらずその他害の危険性にのみ主眼が置かれることとなり、上記四点の提案は「あり方検討会報告書」を経て「二〇一九年改正法案」に取り入れられることとなった。

次章では「事件」後に「協会」が発表した一連の見解及び要望、「あり方検討会報告書」の詳解を通して、国会上程されたものの廃棄となった（第3章）「二〇一九年改正法案」が何を志向しており、そしてそこで言われている「社会復帰」とはどのような行為様態を示すものであるのかについて詳述する。

第2章

「事件」を契機とした精神保健福祉制度の動向　その2

――「あり方検討会報告書」の趣旨転換の様相

本章では、「事件」の検証報告であるはずの「中間とりまとめ」及び「国報告書」が、「二一五年改正法」第四一条第一項及び附則第八条に基づき設置された「あり方検討会」により公表され「二一九年改正法案」の土台となった「あり方検討会報告書」の趣旨転換に接続するまでの経緯を詳述する[4]。

1　「二一五年改正法」成立までの道筋

「二一五年改正法」から「あり方検討会報告書」を経て「二一九年改正法案」に至る前提として、「二一五年改正法」成立までの道筋を述べておきたい[5]。「二一五年改正法」直前の改正は障害者自立支援法（当時）の事実上の一部改正法である「障がい者制度改革推進本部等における検討を踏まえて障害保健福祉施策を見直すまでの間において障害者等の地域生活を支援するための関係法律の整備に関する法律案」の一部として二〇一〇年一二月三日に成立、同一〇日に公布されたものである。本改正は、二〇〇四年九月に厚労省精神保健福祉対策本部により二〇〇四年より「概ね一〇年間の精神保健医療福祉の具体的方向性」（受入条件が整えば退院可能な者〔当該年度時点で約七万人〕の地域生活支援強化等による「解消」〔退院〕）を示すものとして提示された「精神保健福祉の改革ビジョン」（以下、「ビジョン」と略す）の最初の五年間（第一期）の「評価」、及び後の五年間（第二期）における「具体的な施策群」の策定を趣旨として二〇〇八年四月一一日より開催されることとなった「今後の精神保健医療福祉のあり方等に関する検討会」における議論を土台としている。「ビジョン」では「入院医療中心から地域生活中心へ」を改革目標の主軸に据えたうえで、（1）国民の理解の深化、（2）精神医療の改革、（3）地域生活支援の強化の三点を当該時点からの一〇年間で進展させることとされていた。当検討会は特に（3）を重点的な課題としたうえで、同一一月二〇日に精神障害者の地域生活への移行及び地域生活の支援の強化のための相談支援体制の充実が謳われた中間まとめを公表し、二〇〇九年九月二四日に最終報告書となる「精神保健医療福祉の更なる改革に向けて」の公表を行った。最終報告書では、（1）精神医療の質の向上、（2）地域生活を支える支援の充実、（3）精神疾患に関する理解の深化、（4）地域生活への移行・定着支援、そして（5）精神障害者・家族の視点に立った支援体制の構築の五点の方向性が示された。この方向性のもと上述した法改正が行われ、二〇一二年度には、もともとは補助金事業であった「精神障害者地域移行支援特別対策事業」及び「居住サポート事業」が指定一般相談支援事業者による地域相談支援（地域移行支援、地域定着支援）として個別給付化が図られることとなった。

時期は前後するが、二〇一〇年六月に社会的入院の解消や保護者制度の見直し、精神科医療現場における人員体制の方向性の検討が謳われた「障害者制度改革の推進のための基本的な方向について」が閣議決定されたことに伴い、既に同年五月三一日に第一回会議が開催されていた「新たな地域精神保健医療体制の構築に向けた検討チーム」（以下、「新検討チーム」と略す）において上記事項の議論が順次開始されることとなった。同年六月一七日開催の第四回会議まで（第一ラウンド）は主にアウトリーチ体制の具体化に関する検討が行われ、同年九月二日開催の第五回から一〇月一四日開催の第九回会議まで（第二ラウンド）は主に認知症患者に対する精神科医療のあるべき姿と役割に関しての論点整理等が行われている。同年一〇月二一日開催の第一〇回会議より第一ラウンドメンバーと第二ラウンドメンバーとに分かれたうえで前者のメンバー構成で「保護者制度・入院制度についての検討」が二〇一一年一月七日より「新検討チーム」第三ラウンドとして開始されることとなった。「新検討チーム」第三ラウンドは計七回の同会議、及び計一七回の「作業チーム」会議を経て、二〇一一年九月八日開催の「新検討チーム」第二一回会議で保護者制度の見直しに関する「保護者に課せられた各義務規定を削除した場合の論点」（以下、「保護者論点」と略す）、そして二〇一二年六月二八日で入院制度に関する「新検討チーム」第三ラウンドのとりまとめ（「入院制度に関する議論の整理」、以下「整理」と略す）を公表することとなった。

「保護者論点」は保護者制度廃止に向けて、「二五年改正法」以前の精神保健福祉法における保護者に課せられた義務を含む八つの役割規定を（1）財産上の利益の保護、（2）措置入院患者の引き取り等、（3）退院請求・処遇改善請求、（4）医療に関する義務規定の四項目に分類したうえで、それぞれの規定を削除した場合の代替措置の必要性について整理している。措置入院に関しては（2）及び（4）について記載がある。（2）については障害者自立支援法（当時）に基づくサービス利用計画の作成、地域移行・地域定着支援の利用等で代替すべきとしている。また医療保護入院についても同様の支援が必要である旨が付記されている。（4）については特に措置入院時の強制医療介入の在り方について述べられており、医療保護入院については「整理」において入院制度と一体化させて議論を行う必要があるのでここでは省略する旨の記載がある。また二〇〇五年より施行されている医療観察法における手続きの措置入院への導入可能性についても検討されている。

「整理」は、（1）医療保護入院の見直しに関する基本的な考え方、（2）保護者の同意を要件としない入院制度、（3）退院後の地域生活の支援、（4）入院の契機、そして最後に（5）措置入院の在り方の五点を主要論点としてまとめられている。但し（5）のうち主要な二つの論点（保健所の関わりと相談支援との連携、措置入院の下での強制医療介入）については「保護者論点」で「検討済」との記載があり、「整理」は基本的には医療保護入院に特化した報告書となっている。

上述した「新検討チーム」第三ラウンドにおける議論等をふまえて「二五年改正法」が成立、施行されることになるが、主要改正条項は保護者制度の廃止とそれに連動するかたちでの医療保護入院の見直しであった。後者については具体的に、（1）同意要件の見直し（家族等のいずれかもしくは後見人、保佐人。以上による同意が不可能な場合に限り市町村長が同意の判断を行う）、（2）退院後生活環境相談員（主に精神保健福祉士）の選任、及び（3）地域援助事業者との連携の三点があらたに規定された。

「二五年改正法」に至るまでの道筋において特筆すべき点は、「ビジョン」以降の論点は地域生活支援と精神医療（特に入院医療）改革であり、特に後者については保護者制度の廃止とそれに伴う非自発的入院（特に医療保護入院）の同意の在り方に焦点化されている点である。「保護者論点」においては措置入院についての検討も行われているが、それは保護者制度にその旨の規定がなされていたからであり、却って措置入院から敷衍して医療保護入院の検討の必要性が述べられていることからも、「二五年改正法」及びこの後の「あり方検討会」は少なくとも「事件」までは保護者制度廃止後の医療保護入院のあり方が主要論点であったということがいえる。

2 「事件」前までの「あり方検討会」の議論のながれ

一節で述べた通り、「あり方検討会」は基本的に「二五年改正法」における二つの条項に基づいて開始されている。一つは附則第八条である。同条では「この法律の施行後三年を目途として（中略）医療保護入院における移送及び入院の手続の在り方、医療保護入院者の退院による地域における生活への移行を促進するための措置の在り方並びに精神科病院に係る入院中の処遇、退院等に関する精神障害者の意思決定及び意思の表明についての支援の在り方」についての検討と所要の措置を講ずることが謳われている。もう一つは第四一条第一項である。同条では「厚生労働大臣は、精神障害者の障害の特性その他の心身の状態に応じた良質かつ適切な精神障害者に対する医療の提供を確保するための指針（中略）を定めなければならない」とされており、第二項でその具体的事項として「一　精神病床（中略）の機能分化に関する事項」、「二　精神障害者の居宅等（中略）における保健医療サービス及び福祉サービスの提供に関する事項」、「三　精神障害者に対する医療の提供に当たっての医師、看護師その他の医療従事者と精神保健福祉士その他の精神障害者の保健及び福祉に関する専門的知識を有する者との連携に関する事項」の三点が挙げられている。

後者の第四一条第一項については「あり方検討会」に先立って、「二五年改正法」公布直後の二〇一三年七月二六日に第一回会議が開催された「精神障害者に対する医療の提供を確保するための指針等に関する検討会」において議論がなされている。当検討会は同年一二月一八日に「良質かつ適切な精神障害者に対する医療の提供を確保するための指針案」（以下、「指針案」と略す）を公表している。これを土台として翌二〇一四年三月七日に厚労相名により「良質かつ適切な精神障害者に対する医療の提供を確保するための指針」（以下、「医療確保指針」と略す）が告示され、同四月より適用されている。

当検討会はその後、長期入院精神障害者の地域移行に関する更なる検討の必要性があるとして、二〇一四年三月二八日より「長期入院精神障害者の地域移行に向けた具体的方策に係る検討会」と改称のうえ四回の検討会及び五回の作業チーム会議を経て同年七月一四日に「長期入院精神障害者の地域移行に向けた具体的方策の今後の方向性」を公表している。「指針案」では「精神病床の機能分化に関する事項」において、「地域の受け皿づくりの在り方や病床を転換することの可否を含む具体的な方策の在り方」、いわゆる病床転換型居住系施設の提案が複数の委員よりなされたことにより、その後の検討会議はその是非を含めてそれに焦点化されることになる。既存の病棟を名目的に「地域」と位置づける病床転換型居住系施設の提案は、精神障害当事者はもとより精神保健医療福祉関係者に対して少なからぬ衝撃を与えた経緯がある[6]。

「あり方検討会」第一回会議資料「『あり方検討会』の進め方（案）」では主に医療保護入院の在り方全般に関する論点（附則第八条関係）と精神病床の機能分化を含む地域精神保健医療体制に関する論点（第四一条第一項及び「長期入院精神障害者の地域移行に向けた具体的方策の今後の方向性」関係）とに大別されており、この二つの論点について前者については「医療保護入院等のあり方分科会」、後者については「新たな地域精神保健医療体制のあり方分科会」の二つの分科会が設けられた。前者は四回（最終は二〇一六年七月二一日開催）、後者は五回（最終は二〇一六年七月一五日開催）の分科会がそれぞれ開催されている。それぞれの分科会最終会では「今後議論すべき論点について（案）」が提出されている。

「新たな地域精神保健医療体制のあり方分科会」では（1）デイケア・訪問看護・アウトリーチ

等の医療機能の在り方に焦点化したうえでの精神障害者を地域で支える医療の在り方、（２）「医療確保指針」で示された①児童・思春期精神疾患、②老年期精神障害等、③自殺対策、④依存症、⑤てんかん、⑥高次脳機能障害、⑦摂食障害などの多様な精神疾患・患者像に対応できる医療体制の在り方、そして（３）精神病床の更なる機能分化についての三点を論点に挙げている。特に三点目の論点に関しては二〇一二年三月二三日から同年六月二八日まで七回にわたり開催された「精神科医療の機能分化と質の向上等に関する検討会」とりまとめにおいて「患者の基準を明確化」したうえで「明確かつ限定的な取り扱い」とすることが示された「重度かつ慢性」基準案の定義[7]にカテゴライズされる患者（一年以上の入院患者の約六割）に「該当しない長期入院患者」（一年以上の入院患者の四割）についての検討とともに当該基準案の範囲、概念の再検討にくわえて、当該基準案の活用方法例の一つとして「精神病床の機能分化への活用」が示されている。

「医療保護入院等のあり方分科会」では（１）医療保護入院についてどのように考えるか、（２）医療保護入院の同意のあり方についてどのように考えるか、（３）医療保護入院の必要性・妥当性をどのように審査するべきか、（４）移送を含む医療へのアクセスを確保するための手段について、どのように考えるか、そして（５）入院中の患者の意思決定支援について、いわゆる「代弁者」のあり方も含めどのように考えるか、という五点を論点として挙げている。（１）については「自傷他害のおそれがある場合以外」における非自発的入院の必要性が挙げられている。（２）については「二五年改正法」により廃止された保護者に代わる同意者に求められる機能・役割及び「家族等同意」の課題について挙げられている。(3)については主に精神保健福祉士が主たる職務要件となっている退院後生活環境相談員の現状、地域援助事業者との連携、及び退院支援委員会の実施状況等にくわえて精神医療審査会のあり方について課題として挙げられている。(4)についてはもともと運用件数に地域差があるという現状等をふまえて（同年六月二九日、第三回分科会資料）、移送という形態に限らない医療へのアクセス方法や入院を前提としないアウトリーチのあり方について課題として挙げられている。(5)については「二五年改正法」で見送られた「代弁者」の必要性の有無及び入院患者と代弁者との関係についての課題について挙げられている。

以上の通り「二五年改正法」を契機とした「あり方検討会」は、少なくとも「事件」前までは保護者制度廃止に伴う医療保護入院の同意と意思決定支援に伴う代弁者に関する論点、及び精神病床の機能分化と「病床転換」、「重度かつ慢性」患者の「除外」という「条件付き」の地域移行に関する論点が主要議題であり、措置入院についてはこの段階では直接的には議題化されていない。

3 「国報告書」の要点

前節の論点とりまとめが報告された会議直後の同月二六日未明に「事件」が発生する。「事件」の概要とその後の経過概要については第1章で述べた通りである。「あり方検討会」は「事件」の約二か月後の二〇一六年九月三〇日に第三回会議として再開される。その会議の席上、上述した二つの分科会それぞれの「論点整理」に加えて「中間とりまとめ」が資料として提出される。「中間とりまとめ」と「国報告書」は、ほんらい「二五年改正法」における持ち越し論点を整理検討するためのものであり、「事件」直前までは医療保護入院の在り方及び精神病床の機能分化と退院促進の二点を主軸に検討が行われてきた「あり方検討会」の議論の方向性を一変させることとなる。

第1章で述べた「国報告書」の要点についてここであらためて整理しておきたい。「国検討チーム」は厚労省において「当該事件の検証と再発防止策を検討するため」設置されたものであり、医系委員が四名、法学系委員が座長含めて二名のほか自治体福祉事務所、全国社会福祉法人経営者協議会、全国手をつなぐ育成会連合会の代表等がメンバーに名を連ねている。また、関係省庁として内閣府、警察庁、法務省、文科省、厚労省、神奈川県、及び相模原市も構成員となっている。「国報告書」では「同様の事件が二度と発生しないよう、精神保健医療福祉等に係る現行制度に加え、いかなる新たな政策や制度が必要なのか、更にはいかなる社会を新たに実現していくことが必要なのかという観点」から議論を行った旨の記載がある。「国報告書」じたい、「事件に関する再発防止策について」の「提言」という位置づけがなされている。「国報告書」に至るまでは現地視察の実施を含めて計八回の会議が開催されている。同年九月四日の第四回会議後に公表された「中間とりまとめ」は、共生社会の実現こそ冒頭に挙げられているものの、実質的には紙幅の多くを措置入院者の退院後の継続的支援のための制度的対応の検討、措置入院中の診療内容の充実と専門的知識を有する医師の育成、社会福祉施設等における防犯対策に割かれており、これはそのまま「国報告書」に結実されている。「国報告書」は「重視した三つの視点」として、（1）「共生社会の推進」、（2）「退院後の医療等の継続的な支援を通じた、地域における孤立の防止」、（3）「社会福祉施設等における職場環境の整備」を挙げているが、（1）と（2）との間には後の「二九年改正法案」提案理由にも接続する齟齬がある。（1）では「事件」について「障害者への一方的かつ身勝手な偏見や差別意識が背景となって、引き起こされたもの」であり「事件を実行した施設の元職員である男（中略）は、精神障害による他害のおそれがあるとして措置入院になっていたが、今回の事件は極めて特異なものであり、地域で生活する精神障害者の方々に偏見や差別の目が向けられることは断じてあってはならない」と述べられており、「事件」と精神障害との親和性を否定している。しかし（2）では「今回の事件において、容疑者は、措置入院先病院からの退院後に、医療機関や地方自治体から必要な医療等の支援を十分に受けることなく孤立していた。退院後に医療・福祉・生活面での支援を継続的に受けられる確実な仕組みがあれば、事件の発生を防ぐことができていた可能性がある」と述べられており、「事件」を精神障害者一般の問題として敷衍したうえで措置入院の不備に焦点化している。「国報告書」は本事件の「特異性」を述べておきながら、他方で措置入院解除後の一般的な問題の帰結の一例として「事件」を規定して、精神医療の枠組みで再発防止策を展開している点に最大の特徴がある。「国報告書」は「再発防止ための具体的な提言」として、（1）「共生社会の推進に向けた取り組み」、（2）「退院後の医療等の継続支援の実施のために必要な対応」、（3）「措置入院中の診療内容の充実」、（4）「関係機関等の協力の推進」、（5）「社会福祉施設等における対応」の五点を挙げているが、うち（2）から（4）までの措置入院制度の改定による精神医療の枠組みでの再犯防止策について約五割の分量を割いて述べている。以上をふまえて「仕組み」の具体策として、「退院後支援計画」の作成、「調整会議」の開催、措置入院先病院における「退院後生活環境相談員」の選任、そして措置入院先病院における「退院後支援ニーズアセスメント」の実施を提案している。この四点はほぼそのまま「二九年改正法案」に反映されることになる。また「都道府県知事等や警察などの関係者が共通認識を持つべき」との指摘も行っており、下述の通りこの指摘は「二九年改正法案」で新たに提案されている「精神障害者支援地域協議会」の二つの会議のうちの一つである「代表者会議」メンバーの一員に警察が明記されることによって具現化が試みられている。

4　「あり方検討会報告書」の趣旨転換の様相

「あり方検討会」は「事件」後は、「国報告書」を追認するかたちで趣旨転換したうえで議論が行われることとなる。「あり方検討会報告書」の「Ⅰはじめに」では「平成二八年七月に発生した相模原市の障害者支援施設における殺傷事件を踏まえ、事件の検証や再発防止を目的として政府に設置された『相模原市の障害者支援施設における事件の検証及び再発防止策検討チーム』においてとりまとめられた『報告書』（平成二八年一二月）において、措置入院後の継続的な患者支援のあり方等が課題とされた」点と、同年四月に発覚した精神保健指定医不正取得、指定取消事案について述べられている。そのため「あり方検討会報告書」は前節で整理した二つの分科会における論点まとめにおける提案に加えるかたちで「措置入院制度に係る医療等の充実」の項が設けられることになった。具体的には「国報告書」要点に準拠しており（1）措置入院に係る手続及び関係機関等の協力の推進について、（2）措置入院中の診療内容の充実について、（3）措置入院者の退院後の医療等の継続支援についての三点が示されている[8]。

（1）の措置入院の手続きに関する運用上の「ばらつき」に関しては、「警察官通報が行われたもののうち、措置診察や措置入院につながった割合にばらつきが生じていることの要因分析」及び「判断に当たっての留意点や必要な手続」の明確化を提案している。また措置入院時には行われていない精神医療審査会における入院必要性の審査、患者に対する文書による入院説明の検討の提案もなされている。

関係機関等の協力に関しては「緊急措置診察や措置診察の時点で他害のおそれが精神障害によるものか判断が難しい事例（グレーゾーン事例）」を挙げたうえで「都道府県又は政令指定都市（中略）や警察などの関係者が共通認識を持つべき」としたうえで、「措置診察に至るまでの地域における対応方針等の精神障害者への適切な支援を行うために必要な体制等」を協議する場として保健所を設置主体とする地域における協議の場の設置を提案している。

（2）の措置入院中の診療内容の充実に関しては、統合失調症や気分障害に加えて「薬物使用に関連する精神障害、急性一過性精神病、パーソナリティ障害」、更には「発達障害や知的障害が影響しているケース」も存在しているとしたうえで、「主に統合失調症や気分障害を中心に対応してきた精神科救急の診療体制は、薬物使用に関連する精神障害をはじめとした多様な精神疾患への対応が不十分な環境であることも多い」という課題が挙げられている。「事件」に関しても「薬物使用に関連する精神障害について十分な診療経験を有する医師にとっては当たり前」である「治療方針等の知見」が措置入院に対応している既存の一般的な精神科救急の現場に普及していないという課題も挙げている。この点については、①詳細な生活歴の把握や心理検査等の実施、②多職種のミーティングによる治療方針の決定、③認知行動療法等の多様な疾患特性に対応した治療プログラム等の提供、④院内の多職種による退院後の医療等の支援ニーズに係るアセスメントによる退院後の治療方針の検討、そして⑤薬物使用に関連する精神障害が疑われる患者など、多様な疾患の特性に応じた対応等の措置入院中の診療に関わるガイドラインの作成を提案している。また「公的病院」を措置入院先として積極的に活用することやこれらの病院を地域に確保することの必要性も挙げている。

（3）措置入院者の退院後の医療等の継続支援に関しては、はじめに現状の問題点として措置入院退院後の医療等の支援を明文化したルールを設けている都道府県が約一割にとどまっている点、明文化していても個人情報保護条例違反のおそれから他自治体へ退院する場合に必要な情報提供が行われていない点が挙げられている。また措置解除に伴う「症状消退届」における「訪問指導等に関する意見」と「障害福祉サービス等の活用に関する意見」について、解除後直接通院となる場合であっても全体の二割程度が空欄もしくは「必要ない」旨の記載であった点も挙げられている。

以上の点については、①措置入院中・措置解除時の対応と②退院後の対応とに大別したうえで対応の方向性が示されている。①については、措置を行った都道府県等による「退院後支援計画」の作成、その計画を作成するあたって都道府県等が関係者と支援内容等の検討を行うための調整会議を開催すること、患者退院支援のための退院後生活環境相談員の選任、措置入院先病院による患者の退院後の医療等の支援ニーズに係るアセスメントの実施とその結果の都道府県等への伝達という四点を提案している。このうち退院後生活環境相談員については「医療保護入院の場合と同様に、病院管理者が、精神保健福祉士等を退院後生活環境相談員として選任する仕組みを設けることが適当である」と提案されている。

②については、患者の通院が中断した場合に退院後支援計画に沿って「受診勧奨」を行うこと、及び退院後支援計画の見直し対応等を提案している。また、患者が転出した場合の保健所設置自治体間の情報共有に関しては、患者の同意を得る努力を前提としながらも、「児童虐待防止の例」を参考に制度的な対応の検討を行う必要がある旨の提案がなされている。

第一節で上述した通り「あり方検討会報告書」公表の同月二八日、「改正の趣旨」の冒頭に「二度と同様の事件が発生しないよう（中略）法整備を行う」との文言を入れたうえで、「あり方検討会報告書」の趣旨をより純化させたかたちで「二〇一九年改正法案」が国会上程された。ちなみにこの文言は二〇一七年四月一三日の参議院厚生労働委員会において、再犯防止が目的ではないことを明確にすることを理由として法案内容じたいは修正のないまま厚労相の「お詫び」とともに取り下げられたが、そのことにより逆に法改正の立法事実の存否をめぐって混乱が引き起こされた。「混乱」の詳細は第3章で述べる。

5 小括

以上、本章では「事件」の検証報告であるはずの「中間とりまとめ」及び「国報告書」が「二九年改正法案」の土台となった「あり方検討会報告書」の趣旨転換に接続した経緯について述べてきた。

第1章で詳述した通り、「国報告書」は「重視した三つの視点」として、（1）「共生社会の推進」、（2）「退院後の医療等の継続的な支援を通じた、地域における孤立の防止」、（3）「社会福祉施設等における職場環境の整備」を挙げている。（1）の箇所では、「今回の事件は、障害者への一方的かつ身勝手な偏見や差別意識が背景となって、引き起こされたものと考えられる」としたうえで、「事件を実行した施設の元職員である男（中略）は、精神障害による他害のおそれがあるとして措置入院になっていたが、今回の事件は極めて特異なものであり、地域で生活する精神障害者の方々に偏見や差別の目が向けられることは断じてあってはならない」と言明しているように、「事件」

と精神障害との親和性を否定している。しかし他方、（2）の箇所では冒頭において「今回の事件において、容疑者は、措置入院先病院からの退院後に、医療機関や地方自治体から必要な医療等の支援を十分に受けることなく孤立していた。退院後に医療・福祉・生活面での支援を継続的に受けられる確実な仕組みがあれば、事件の発生を防ぐことができていた可能性がある」と述べているように、問題の焦点を措置解除後のフォローアップ体制という精神医療の課題に一般化して述べている。「国報告書」は本事件の「特異」性を述べておきながら、他方で措置入院解除後の一般的な問題の帰結の一例として「事件」を規定したうえで、精神医療の枠組みで再発防止策を展開している。

「国報告書」は「再発防止のための具体的な提言」として、（1）「共生社会の推進に向けた取り組み」、（2）「退院後の医療等の継続支援の実施のために必要な対応」、（3）「措置入院中の診療内容の充実」、（4）「関係機関等の協力の推進」、（5）「社会福祉施設等における対応」の五点を挙げているが、その約五割を（2）から（4）までの精神医療の枠組みにおける再犯防止策に割いている。さらに（2）以降は「事件」の「特異性」についてはほとんど言及されることはなく、あくまで措置入院退院後のフォローアップ体制の不備に焦点があてられている。特に（2）では具体策として、「退院後支援計画」の作成、「調整会議」の開催、措置入院先病院における「退院後生活環境相談員」の選任、そして措置入院先病院における「退院後支援ニーズアセスメント」の実施を提案している。この四点は「あり方検討会」における議論の趣旨転換に接続することとなり、再発防止ではない旨を強調されながらもほぼそのまま「二〇一九年改正法案」に反映されることになった。

本章で述べてきた「あり方検討会報告書」の趣旨転換じたいは「事件」のあり様をふまえればその是非はともかく十分あり得る話である。筆者の関心は「あり方検討会」とそれに続く「二一九年改正法案」の趣旨転換が「事件」を契機としてはいるものの、名目上は「事件」に類する事象の再発防止を主眼にして駆動されたものではないと主張されている点である。以上をふまえたうえで次章では「協会」による「二一九年改正法案」に対する一連の見解及び要望の詳解を行う。

第3章

「事件」を契機とした精神保健福祉制度の動向　その3

――「二一九年改正法案」に対する「協会」の見解・要望の妥当性

本章では前章までの詳解をふまえて、「事件」を経て「二一九年改正法案」に至るまでに「協会」より発出された一一の見解・要望について詳述する。

「二一九年改正法案」は当初法案じたい「事件」の影響を受けた「あり方検討会報告書」に沿ってその方向性が「再発防止」を第一義的な趣旨としてそれまでの議論の流れから大きく修正されていた。当初法案は国会上程後にさらに、そして突如、趣旨転換されている。既述の通り本書の目的は、（1）「二一九年改正法案」が何を志向しているのか、及び（2）「協会」は「二一九年改正法案」において「社会復帰」をどのように捉えたうえで如何なる職能獲得を目指しているのか、という二点である。換言すれば、そもそもその目的に不合理性を有している「二一九年改正法案」に対する「協会」の見解・要望の詳解を通して、職能団体の第一義的な存在根拠であり「本能」的活動ともいえる排他的職能要望の本事象における妥当性、正当性を検証するということにある。

1　「二九年改正法案」に対する「協会」の対峙の姿勢——見解・要望の検討

「協会」は「事件」後、「事件」及び「二九年改正法案」に対して一一の見解・要望を公表している。

〈見解〉

①「障害者入所施設における殺傷事件に関する見解」（二〇一六年七月二八日）

②「措置入院制度の見直しの動きに関する見解」（二〇一六年八月八日）

③「相模原市の障害者支援施設における事件の検証及び再発防止策検討に関する意見」（二〇一六年一〇月　三一日）

④「『相模原市の障害者支援施設における事件の検証及び再発防止策検討チーム』報告書に対する見解」（二〇一六年一二月一四日）

⑤「精神保健及び精神障害者福祉に関する法律の一部を改正する法律案」に関する見解（二〇一七年三月六日）——法案提案趣旨削除後——

⑥「『精神保健及び精神障害者福祉に関する法律の一部を改正する法律案』の審議経過に関する見解」（二〇一七年四月一七日）

⑦「精神保健福祉法改正に係る本協会の対応について」（二〇一八年二月一五日）

〈要望〉

①「措置入院制度の見直しに関する要望書」（二〇一六年一一月九日）

②「措置入院制度等の見直しに関する要望書」（二〇一六年一二月二二日）

③「精神保健福祉法の改正に関する意見書」（二〇一七年二月一四日）

——法案提案趣旨削除後——

④「措置入院者に係る退院後生活環境相談員の選任に関する要望書」（二〇一七年六月二七日）

1-1 「見解」

見解①は「事件」直後の「協会」としての見解である。見解⑤～⑦及び要望③、④は「国報告書」を受けて二〇一七年二月八日に公表された「あり方検討会報告書」、及びそれを受けたかたちで同月二八日に国会上程された「二九年改正法案」の動向に合わせて適宜、見解・要望として公表されている。要望①、②、④は厚労省を、要望③は政府与党である自民党政務調査会を名宛人とした要望書である。

見解①は「事件」発生から間もなく公表されたものである。冒頭、Uによる「事件」に関する重度重複障害者に対する差別・偏見発言に対する「憤り」に加えて、同種の意見がインターネット等で散見されることに対する「憂慮」する旨が述べられている。またUに措置入院歴があったことがあたかも「事件」の原因のごとくマスコミ報道されていることに対する憂慮と、報道機関に対する「正確かつ慎重な発信」、及び国民に対して報道に惑わされることのない「冷静な反応」を求めている。

その後見解②及び見解③が公表される。見解②は厚労省により、「国検討チーム」第一回会議が二〇一六年八月一〇日に開催される旨の報道発表がなされた同月八日にあわせて「協会」の見解として発表されたものである。見解③は同年一〇月三一日に開催された「国検討チーム」第七回会議の場において関係団体ヒアリング出席者[9]として招聘された際の配布資料である。

見解②は冒頭で、「事件」と精神疾患とを関係づけたうえでの政府による措置入院制度見直しについて懸念を表明している。そのことをふまえたうえで措置入院については「社会防衛装置として機能し得ないことを確認したうえで、精神障害者にとって適切な医療の確保と福祉の増進等を図ることを目的とした精神保健福祉法の趣旨に則り行われるべき」と述べられており、制度改革じたいは必要との認識が示されている。具体的内容は、（1）自傷他害要件の厳正化・標準化、治療可能性等の診断基準の明確化による通報から措置入院に至る流れの再点検の必要性、（2）医療観察法と精神保健福祉法上の措置入院の使い分けの曖昧さ、及び（医療保護入院制度と比較して）手薄な退院支援という課題についての検討である。以上をふまえて「治安的色彩を帯びるこの法規定自体の抜本的な見直しに、今こそ着手すべきである」としている。

見解③は「事件」検証に際して、（1）「幅広い見地」からの検証と再発防止策検討、（2）精神科医療、措置入院制度及び退院後の継続的な支援を「再発防止策」として議論することに対する疑義、（3）ノーマライゼーション、インクルーシブ社会実現のための取り組みの推進、（4）福祉人材の確保と育成方法の見直し（人権教育、待遇改善、教育・研修体制の強化）、（5）仮に「事件」被疑者をクライエントとしてソーシャルワークを展開する場合の「時間と費用の保障」、以上五点の意見が述べられている。最後に措置入院制度はあくまで「事件」とは切り離したうえで、「あり方検討会」で検討すべき事項である旨も添えられている。（1）の「幅広い見地」とは「刑事司法における対応の検証と課題抽出」のことを指している。また（5）については措置入院だけに限定できるものではないとの文言もあることから、措置入院者の退院後生活環境相談員の選任要件に精神保健福祉士を充てることのみならず、自治体への精神保健福祉士の配置等、この後の「協会」による具体的な排他的職能の要望を示唆するものと言える。（5）の意見は要望②で具体的に提起されている。

　見解②及び見解③ともに冒頭において、「社会防衛」、「再発防止」のための措置入院制度改革には一貫して反対する旨の文言があり、「協会」によるこの見解は一貫しているが、留意すべき点がある。それはすなわち、措置入院制度は「あり方検討会」において議論すべきとする見解③公表時期の一月ほど前の同年九月一四日に「国検討チーム」により公表された「中間とりまとめ」が、同年九月三〇日に再開された「あり方検討会」第三回会議資料としてすでに配布されている点である[10]。当該会議以降、「あり方検討会」の議論の方向性は、「二五年改正法」の持ち越し論点であった保護者制度廃止に伴う医療保護入院における同意のあり方と精神病床の機能分化と退院促進というほんらいの目的から、「事件」を契機とした措置入院のあり方に関する議論へと一変している。そして「協会」は、見解③において表明している通り措置入院制度の検討の主戦場が「あり方検討会」に移った以降、措置入院制度のあり方について排他的職能要望を含む具体的且つ積極的な発言を見解・要望として公表している。

見解④は、後述する要望①~②の間の同年一二月八日に出された「国報告書」に対する「協会」の見解として公表されたものである。冒頭で「精神保健福祉法における措置入院制度には不十分な点が多く、改正が望まれることには言を俟たない」という見解が示されている。そのうえで、「事件の発生と被疑者の措置入院歴の因果関係さえ不明な時点で、事件の再発防止と関連づけて措置入院制度の運用にのみ具体的な提案が詳細になされていること」に対しては「政府の意図」を感じさせると述べられており、これまでのものと比較してより強い批判的見解が示されている。「国報告書」における措置入院制度改革案対しては、(1)措置入院者に特化した検討ではなく「あり方検討会」において「他の入院制度や地域生活支援体制の整備と一体的に検討」すること、(2)「事件」の特異性を指摘していながら、他方で「全ての措置入院患者の(医療保護入院や任意入院を経た後も含む)退院後の地域社会での孤立防止と事件の再発防止」を企図して「行政責任において継続的な支援を行うよう提案」していることの矛盾の指摘、(3)「国報告書」で提案されている「措置入院患者の退院後の行政責任による計画的な支援」は「『監視』を想起」させるものであり、「本人の意思に基づかない」医療や福祉の拡大流用には反対であるとする意見表明、（4）「措置入院制度の運用実態に関する調査」により措置入院制度運用の都道府県格差が明確になっているにも関わらず、退院後の支援の全体調整を自治体や民間に委ねることができるとする提案がなされていることに対して「調査結果の分析が不十分」であるとする指摘、そして（5）措置診断における他害のおそれが精神障害によるものか否かの判断が難しい場面における「警察の関与のあり方」の検討の不足、というようにより詳細な指摘と批判的見解が述べられている。

見解⑤は「二九年改正法案」当初法案が二〇一七年二月二八日、第一九三回国会に上程されたことを受けて公表されたものである。既述の通り「二九年改正法案」当初法案は「事件」のような事象の「再発防止」を趣旨としたうえで措置入院制度の改正を主軸とした法案であった。見解⑤では冒頭で、当初法案の「再発防止」という趣旨について「あたかも精神医療と地域精神保健福祉の不備が今回の事件を生み出したかのような印象を国民に与えることになり、承服できるものではない」というように、これまで同様、厳しい批判的見解が示されている。そのうえで、「入院中の患者の意思決定支援等」を「必須事業」とすることに加えて法案における措置入院制度改正について、（1）措置入院者に特化した退院後支援制度に対する違和感、（2）「退院後の地域生活には『医療中心ではなく、生活モデル中心（福祉主導）』の支援が求められる」ことをふまえて精神保健福祉士を退院後生活環境相談員の選任要件とすること、そして（3）「退院後の地域における支援は、適切な保健・医療を支援する保健所や福祉的視点からのかかわりを担う地域援助事業者との連携が肝要」であり、「こうした役割を担う保健所」全てに精神保健福祉士を配置する必要性、の三点について述べている。見解④とは文の前後が逆になっており、見解④と比して見解の主軸は措置入院制度のあり方となっている。また後述の通り「協会」は、ここで述べられている排他的職能の要望について、見解⑤公表の前年に「あり方検討会」の場においてすでに具体的な要望として提示している。

見解⑤公表に至るまでの「協会」の一貫したスタンスは、(1)「一二九年改正法案」は「あり方検討会」において議論すべきであるという点、(2)「社会防衛」、(「事件」のような事象の)「再発防止」のための措置入院制度改革には反対であるという点の二点に収斂させることができる。前者の(1)はいっけんテクニカルな論点であるが、上述の通り「中間とりまとめ」以降、検討の主戦場は「事件」を契機とした措置入院制度のあり方へと論点が転換された「あり方検討会」へシフトとしている。「協会」による具体的な排他的職能の要望についてもこれ以降、積極的に行われている。後者の(2)のスタンスはむろんこの後も一貫している。ただしこのスタンスの一貫性は措置入院制度の中身というよりはそれの名目上の提案趣旨(目的)のみに対する一貫性であることが、「一二九年改正法案」当初法案の趣旨の削除とそれに対する見解⑥によって顕在化する。

「一二九年改正法案」当初法案の提案趣旨は、二〇一七年四月一三日参議院厚生労働委員会の場において、「事件」のような事象の「再発防止」に関する箇所が法案の中身の実質的な修正はなされないまま削除された。すなわち「医療の役割は、治療、健康維持推進を図るもので、犯罪防止は直接的にはその役割ではない」旨が強調されることとなった。しかし、結局はその不自然な審議過程が法案推進側にとっては逆にアダとなり廃案に至ることとなった経緯は既報で述べた通りである。見解⑥は当初法案の趣旨の削除に合わせて公表されたものである。「二九年改正法案」の顛末に比して、「協会」は以下の通り冒頭で当初法案の趣旨削除に対して肯定的評価を示している。

本協会は、かねてより、精神保健福祉法における措置入院制度の見直しについて、相模原市の障害者支援施設における事件と切り離して協議検討するよう要望してきました。この度、政府が審議過程において、改正法案概要の「改正の趣旨」から相模原事件の再発防止を法改正の目的であると誤解させるような表現を削除したことにつき、遅すぎた感は否めないものの本協会としては肯定的に受け止めています。報道過程を通じて形成される歪んだ社会的認知のままに、法改正に至った過去の過ちを繰り返さぬよう、国会審議中にあって食い止めた姿勢は評価したいと思います。

加えて当初法案の趣旨削除は「精神病者監護法から精神衛生法の改正等々と連綿と続く、社会防衛策としてのこの法の成り立ちそのものを見直す覚悟の表れ」であり、「精神科医療をその他の医療から切り離して規定する現行の精神保健福祉法の抜本的見直しの端緒に立つことを示すもの」と認識する旨の表明もなされている。当該の参議院厚生労働委員会議事録を見る限り、当初法案の第一義的な趣旨であった「事件」を契機とした「再発防止」の文言の削除については、少なくとも厚労省から委員に対する事前の告知は無く、また法案内容もほぼ修正のないままの突然の趣旨の削除であったことが伺える、提案側に対する厳しい追及の痕跡がある[11]。繰り返しになるが、当初法案の趣旨削除はこの後、法案の立法事実の存否の議論に接続し、廃案という顛末に至ることとなる。しかし「協会」はこの顛末に対する認識として、「国会審議中にあって食い止めた」、「この法の成り立ちそのものを見直す覚悟の表れ」といったやや大仰な表現で肯定的に評価する姿勢を示している。

1-2 「要望」

「協会」は「二九年改正法案」の議論は上述の通り「事件」検証に付随して行うのではなく、「あり方検討会」で行われるべきとの見解を示している。そのため法案の中身の議論が「あり方検討会」に移行した見解③以降、やはり上述した保留付きではあるものの、法案に対する具体的な要望を適宜、発出している。総じて「見解」におけるスタンスを土台にした措置入院制度改正に伴う排他的職能の要望が主軸となっている。

要望①及び要望②は名宛人を厚労省社会・援護局障害保健福祉部長及び「あり方検討会」座長とした要望である。要望①は前節で取り上げた見解③公表の一〇日後の二〇一六年一一月九日付のものであり、同月一一日に開催された「あり方検討会」第四回会議資料として、要望②は同年一二月二二日に開催された同第五回会議資料（同日付発信）として配布されている。要望②は要望①の検討課題についてより具体的に提起されているものであり、要望①と要望②とは一体のものとみることができる。要望④は二〇一七年六月一八日に第一九三回国会が閉会、結果的に法案が継続審議となった直後の同月二七日付に、厚労省社会・援護局障害保健福祉部長を名宛人として発出された要望である。

要望①では、（1）強制入院制度の抜本的な見直しに向けた「精神医療、保健福祉、警察、司法等の有識者と精神障害のある人」で構成された検討の場の設置、（2）措置入院制度において早急に見直しすべき課題を「あり方検討会」において検討することの二点の要望が示されている。

要望②では特に要望①の（2）についてより具体的に述べられている。はじめに、（1）全国共通のガイドラインの導入による措置運用格差の是正、均てん化、（2）措置入院歴の有無に限らない包括的な支援が提供される仕組みの構築の二点の要望が示されている。（1）については更に、（i）警察官通報から措置入院に至るまでの入口段階での地域（都道府県）格差の解消、（ii）措置入院者等の退院請求等の速やかな審査、（iii）ガイドラインに沿った措置入院中のクリティカルパスの導入、（iv）都道府県及び市区町村への精神保健福祉士の配置、（v）措置入院者に対する一定の経験を有した精神保健福祉士による退院後生活環境相談員の選任の義務付け、（vi）精神科病院従事者に対する全国統一の措置入院制度に係る研修の義務付け、そして（vii）診療報酬の見直し等による財源の確保の七点が挙げられている。このうち（i）～（iii）までについては全国共通ガイドラインの導入による運用を要望している。また、時系列的にいうとここではじめて精神保健福祉士を措置入院者の退院後生活環境相談員の選任要件とすることを要望している。

「協会」は、法案が第一九三回国会に上程される直前の二〇一七年二月一四日、提出法案内容に実質的な影響力を有する自由民主党政務調査会の厚生労働部会障害福祉委員長及び同障害者問題調査会長名による「厚生労働部会障害福祉委員会・障害児者問題調査会合同会議」における「精神保健福祉法の改正に関する団体ヒアリング」に関連団体の一人として招聘されている[12]。要望③はその際の提出資料である。要望③では、（1）措置入院者の退院後の医療等の継続的な支援を確実に受けられる仕組みの整備、（2）医療保護入院の入院手続き等の見直しの二点の要望が示されている。特に（1）では、（i）措置入院退院者限定の特別な制度ではなく精神障害者全般に対する地域精神保健医療福祉体制の構築の必要、（ii）措置入院者の退院後生活環境相談員は精神保健福祉士を選任することを原則とした（医療保護入院と同様に）地域援助事業者等との連携の構築と「多職種支援チーム」資質向上のための研修受講の必須化、（iii）全保健所への精神保健福祉相談員の配置の三点を挙げている。要望③は基本的にはこの間に発出された要望と同様のものである。

要望④は冒頭で、この時点で継続審議となった法案において措置入院者の退院後生活環境相談員の選任が義務づけられている点に関して「本協会も関心を寄せているところ」である旨の記載がある通り、同職の排他的職能の要望に特化したものとなっている。加えて、現行の医療保護入院者の生活環境相談員一人につき概ね五〇人以下という目安に対して、措置入院者の生活環境相談員には退院後支援計画の作成や多職種チームの中心的存在となることが想定されているため、担当数は医療保護入院者と合わせて二〇人以内が望ましい旨の記載もある。特に後者については、要望②において措置入院者一人につき一名の生活環境相談員の選任の義務付け（選任の必置）に次いで具体的な要望事項となっている。

以上の通り「協会」による要望は、むろん排他的職能（都道府県及び市区町村への精神保健福祉士の配置、措置入院者に対する精神保健福祉士による退院後生活環境相談員の選任の義務付け）がその主軸であるが、法案提出前に限れば、必ずしもそれに収斂されているわけではない。要望①では措置入院を含めた強制入院制度制度全般の抜本的な見直しについて言及している。要望②はおおむね措置入院制度制度の見直しに特化した要望であるものの、排他的職能要望のみならず、以前より指摘されていた措置入院制度全般に対する改善提案がなされている。但し法案提出後は要望③及び④にみるように職能の要望に特化されている。

2　当初法案の趣旨削除後の「二一九年改正法案」に対する「協会」の是々非々の関与の姿勢

「二一九年改正法案」が廃案となった第一九三回国会以降、実質的に上程のうえ審議される可能性のあった第一九六回国会（常会、二〇一八年一月二二日〜七月二二日）会期中に「協会」は見解⑦を公表する。なお既述の通り「二一九年改正法案」について厚労省はその後、見解⑦公表の約一月後の同年三月一三日までに法案上程を断念している（東京新聞 2018）。見解⑦は「二一九年改正法案」に対する「複数の構成員」による「反対の立場を表明しないことへの懸念」に対して、当該国会に法案が上程されることを見越して、「協会」のスタンス及び法案への意見について「あらためて」、「情報共有」することを目的としている旨が冒頭において示されている。文書の最後には「協会」が本事象に関して発出してきた見解・要望の一覧も付記されている。「協会」に寄せられたという複数の会員による「懸念」の中身については不明であるが、見解⑦は以下の引用の通り、「あらためて」の「情報共有」に止まらない、法案（特に措置入院制度改正）に対する是々非々の関与の決意表明の意味合いを有している。

（前略）今回の事件を端緒とする改正法案提出までの一連の流れに対しては一定の危機感を有し、事件の報告書や改正法案の一部の内容については反対の立場を表明してきました。しかし、本協会のスタンスは、いかなる場合においても単なる批判や根拠なき反論を展開することに終始せず、あらゆる情報の収集と現状の分析に努め、精神障害者の利益と福祉を最優先に考えた「代替案」を述べることを何よりも大切にしてきています。本協会は今後もこのスタンスを変えるつもりはありません。

（前略）結果として、改訂に改訂を重ねて完成したガイドラインには本協会の意見が相当程度反映されており、改正案にただ反論するだけではなく、反対すべきは反対しつつも建設的かつ協力的な姿勢を貫いた本協会の努力が奏功した結果となりました。

「協会」のいう「単なる批判や根拠なき反論」とは、換言すれば、代替案無き批判・反論の無意味性についての「協会」による批判である。「根拠なき反論」は、当該の反論において根拠が示されていない、もしくは実際に根拠が存在しないのであれば文言の通りである。しかし筆者は、「単なる批判」についてはその矛先如何によっては必ずしも否定されるものではないと考える。また見解⑦では「単なる批判」を批判する意味で「『代替案』を述べること」の大切さを述べている。「代替案」はすなわち「代案」のことであると考えられるが、代案は「対案」とはじゃっかん異なり、一般的に提案主体が不測の事態に備えて準備している代わり（替わり）の案のことを指す。ほんらいは「代替案」ではなく「対案」のほうが正しいように思われる。また仮に「協会」のいう代替案が「対案」の意を持つものであったとしても、これまで見てきたように「協会」の見解・要望は「一九年改正法案」における措置入院制度改正の種々の事項に沿ったものであり、「対案」とはニュアンスが異なる。ここで筆者が指摘しておきたいことは、「協会」のいう「代替案」を提示することが、「協会」が批判すべき当初法案の理念・思想を逆に補強することになる可能性があるということである。

そもそも「協会」は過去に発出した見解・要望、また「機関誌」論考等においてどの程度、措置入院制度に言及しているのか。見解⑦では、「二九年改正法案」は「二五年改正法」の附則にある見直し規定に基づき「今回の事件のあるなしにかかわらず」議論が行われていたものであり、措置入院運用については「以前から指摘されていた措置入院運用にかかる都道府県格差や権利擁護機能の脆弱性など、法改正の必要性は本協会としても強く認識しており、その改正に向けた議論には始めから積極的に参画していくつもり」であった旨が述べられている。

「協会」は「機関誌」において「事件」前までの「二五年改正法」前後の動向をふまえた、「二九年改正法案」に関する特集を二回組んでいる（日本精神保健福祉士協会 2015、同 2016）。前者は「改正精神保健福祉法を現場から検証する――法改正をチャンスに転換するために――」、後者は「精神保健福祉法改正を現場から検証する――法改正をチャンスに転換できているか？」と銘打っている。なお後者は、発行日が「事件」直後である二〇一六年一二月二五日であり、おそらくは編集の時間的な都合により「事件」については当該発行日までに「協会」により発出された見解とともに巻頭言（水野 2016）で触れられている程度となっている。「事件」に関しては日本精神保健福祉士協会（2017）において座談会（大屋他 2017）及びそれをふまえた「協会」副会長（二〇一九年当時）田村綾子による論考（田村 2017）が掲載されている。少なくとも「二五年改正法」が残した課題に限定された「事件」前の両号に所収されている論考をみるかぎり、保護者制度廃止後の医療保護入院における同意者の課題、権利擁護の「担い手」に関する課題に収斂されており、措置入院のあり方を主題とした論考はない。本邦における基本的な学術情報データベースであるNII学術情報ナビゲータ（CiNii）を用いて「機関誌」を条件とした「措置」、「強制」それぞれについて検索した結果は0編である[13]。

なお、前者の特集号に所収されている「協会」常務理事（二〇一九年当時）木太直人による論考において、「協会」の前身である日本ソーシャル・ワーカー協会が一九九九年に厚労省に宛てた「精神保健福祉法の検討に関する要望」を取り上げられている。その中で木太は当該「機関誌」発行年より「二六年前にすでに」、「協会」が医療保護入院の廃止、及びやむを得ない場合に限り措置入院とすること、また二次医療圏ごとの必要精神病床の設定に関する旨の要望を出していることに触れ、「特筆に値する」旨を述べている（木太 2015：10）。「協会」ホームページには二〇〇四年度以降に発出された見解・要望が掲載されているが、「事件」以前である二〇一六年度七月までに発出されたものの中で措置入院に言及しているものは四点のみである[14]。内、二つは診療報酬改定時期にあわせた「精神科地域定着連携指導料（仮称）」の新設要望である。また、二〇一五年一二月二八日付発出の厚労省社会・援護局長を名宛人とした「二九年改正法案」に向けての要望書では、非自発的入院制度の見直しとして医療保護入院制度を措置入院制度の1類型に再編（医療保護入院の廃止）することを提案している。これは上述した木太論考で触れられている過去の「協会」見解と同様である。

諸点をふまえると少なくとも「協会」は、非自発的入院（強制入院）のうち措置入院制度は存置させたうえで、医療保護入院については権利擁護の観点等から廃止を含めた制度改善の見解を有していたといえる。

「二九年改正法案」は法案の中身じたいはほとんど修正・変更なく当初法案の提案趣旨の中軸であった「再発防止」という文言のみ削除されるという経緯を辿っている。そして「協会」は趣旨削除後の法案に対しては、自らの思想・理念とおおむね一致していることを理由として一定の肯定的評価を示したうえで、改正法案における自らの排他的職能要望を主とする「代替案」の提示を行っている。

しかし趣旨削除後も「二九年改正法案」の改正事項は措置入院制度改正を主としたものであり、趣旨削除前の法案とほぼ同内容となっている。そもそも「二九年改正法案」は「二五年改正法」の附則に基づくものであるということを名目にしながら、実際は「事件」を契機として措置入院制度改正に焦点化されたという経緯がある。だからこそ当初法案の提案趣旨には「再発防止」という文言が堂々と掲げられていた。すなわち主要改正事項が措置入院制度改正になった最大の理由は「二五年改正法」の附則ではなく、「事件」である。今回の法案のように、その趣旨から「再発防止」という文言が削除されるのであれば、主たる改正事項は上述の通り「事件」前までの「あり方検討会」において議論されていた「保護者制度廃止に伴う医療保護入院の同意と意思決定支援に伴う代弁者に関する論点、及び精神病床の機能分化と『病床転換』、『重度かつ慢性』患者の『除外』という『条件付き』の地域移行」でなければならないはずである。上述の通り、ここに立法事実の存否という根本的な疑義が生起し、法案は廃案となった。

ソーシャルワーカー職能団体として「協会」がこの時点で行わなければならないことは、中身はそのままで外装のみ「社会復帰（の促進）」という趣旨へと転換された「二九年改正法案」のほんらいの趣旨の剔出とその批判的検証でなければならないはずである。しかし「協会」が肯定的評価を示した趣旨削除後の法案が上述の経緯により廃案に至る直前で発出された見解⑦は、この批判的検証を「単なる批判」として切り捨てており、「二九年改正法案」当初法案における本質的な趣旨――すなわち「再発防止」――の補強に接続するものとなっている。

3　「二九年改正法案」廃案後の動向

「二九年改正法案」は、第一九四回国会（臨時会）に上程されたものの継続審議となり、厚労省はその後、見解⑦公表の約一月後の同年三月一三日までに法案上程を断念し廃案となった（東京新聞 2018）。但しその間、厚労省は、地方自治法第二四五条の九第一項及び第三項の規定による「処理基準」として二〇一八年三月二七日、社会・援護局障害保健福祉部長名で都道府県知事、指定都市市長に対して「措置入院の運用に関するガイドライン」を、そして同法第二四五条の四第一項の規定に基づく「技術的な助言」として同日、同名で都道府県知事、保健所設置市町、特別区長に対して「地方公共団体による精神障害者の退院後支援に関するガイドライン」を通知している。この二つのガイドラインは「協会」の意見が相当程度、反映されている旨、後述する「協会」による見解⑪において触れられている。

2つのガイドラインのうち特に後者の「地方公共団体による精神障害者の退院後支援に関するガイドライン」では、「退院後支援に関する計画」について「支援関係者等」が参加する会議において協議、作成することが「適当」とされている。「支援関係者等」には自治体の精神保健医療福祉担当者や病院の専門職、地域援助事業者等が想定されるとしており、これは「二九年改正法案」において設置検討されていた「精神障害者支援地域協議会」に相当するものといえる。当該協議会案における「代表者会議」のメンバーには「警察等」が含まれておりこの点も懸念・批判の対象となっていた。本ガイドラインにおける会議メンバーには「防犯の観点から警察が参加することは認められず、警察は参加しない」とされているものの、例外事項がある[15]。また「二九年改正法案」では主に精神保健福祉士が担う方向で設置検討されていた「退院後生活環境相談員」について、本ガイドラインでは「退院後生活環境相談担当者」をおくことが「望ましい」とされている（一四－一五頁）。後述の通りこの点は、特に「事件」後の「あり方検討会」以降、「協会」の要望事項の主軸の一つとなっている。

二つのガイドラインについては二〇一八年三月二七日付で厚生労働省社会・援護局障害保健福祉部長名で「協会」会長を名宛人として「貴下団体会員等に対する周知」の依頼文書が発信されている（日本精神保健福祉士協会 2018a）。二つのガイドラインの名宛人は県知事、保健所設置市町及び特別区長宛のものであり、その周知依頼文書を敢えて「協会」長宛てに発信した理由は不明であるが、動向を素直に読みとれば「退院後生活環境相談担当者」の第一義的な職能は精神保健福祉士が担うべきという国、「協会」双方の思惑があると考えられる。

また、第一九七回国会（臨時会、二〇一八年一〇月二四日〜一二月一〇日）閉会翌日の二〇一八年一二月一一日、首都圏九都県市の首長連名で「退院した患者支援に関する自治体間の判断にバラツキが生じないよう法改正を求める」内容の要望書（「措置入院者等の退院後支援に係る法改正について」）が、九都県市を代表して「相模原市長」より厚労相に手渡されている。相模原市発表資料「九都県市首脳会議『措置入院者等の退院後支援に係る法改正について』に係る要望の実施について」（二〇一八年一二月七日）によれば、本要望書は埼玉県、千葉県、東京都、神奈川県、横浜市、川崎市、千葉市、さいたま市、そして相模原市による「平成三〇年一一月七日（水）に開催された第七四回九都県市首脳会議における合意」に基づくものであるとされている。本要望書では冒頭、上述の「地方公共団体による精神障害者の退院後支援に関するガイドライン」を受けて各自治体が「地域の実情に応じて支援の検討（一部自治体では実施）」を行っているものの、「支援が必要な者の判断が自治体ごとに異なる」ことによる「居住地を移した場合」の「継続的支援」の不備の懸念、及び当該支援体制整備における「精神保健福祉士、保健師等の人材の確保、育成」の負担と不十分な財政支援策の二点の課題が挙げられている。その解決方策として、（1）措置入院者等が退院後にどの地域においても必要な支援を継続的に受けることが可能となるための法改正等による退院後支援の仕組みの整備、（2）措置入院者の人権や個人情報の取扱いの配慮及び支援拡充のための人材確保と育成が円滑に行われるための仕組みの構築、（3）精神障害や精神障害者についての国による積極的な普及啓発と各自治体における取組の支援の三点が要望事項として挙げられている（厳密にいえば（2）の要望には二つの事柄が含まれているため、四点の要望と換言できる）。

本要望書は「事件」についての言及は一切無い。あくまで措置入院退院後の精神障害者一般の地域生活支援の仕組みの整備に焦点化された文書となっている（但し、障害者の地域生活支援の基本的法制度である「障害者の日常生活及び社会生活を総合的に支援するための法律」における地域移行、地域定着支援等の充実といったことには触れられていない）。しかし報道されている福祉新聞当該記事では、本要望書提出の背景にあるのは「事件」であり、被告Uの通院中断と入院時の大麻陽性反応情報の警察への伝達の不備であるとしている（福祉新聞 2018）。当該コメントが本要望書提出主体によるものなのか、それとも福祉新聞記者による「解説」なのかについては記事中では明確になっていない。上述の通り本要望書には「事件」のような事象の「再発防止」に関する文言は一切ない。しかし「地方公共団体による精神障害者の退院後支援に関するガイドライン」ですら「不十分」との文言もある本要望書の根拠として、仮に福祉新聞当該記事のような背景が意識されているのであれば「国報告書」と同様の意味合いを内包させているものと言える。

4　小括

以上、本章では「事件」を経て「二九年改正法案」に至るまでに「協会」より発出された一一の見解・要望について、法案の動向（特に「二九年改正法案」当初法案から趣旨転換された法案の前後）とそれの発出のタイミングに留意しながら、「協会」による排他的職能要望の妥当性、正当性検証の端緒として詳解を行った。序章で既述の通り、第1章から本章までは第一の事象、すなわち「事件」後の「協会」による「職域拡大」志向の様相について順を追って詳述してきた。

筆者はかつて、ソーシャルワークを含む支援／治療には、①力を行使する実体的権能が完備されている点、②被支援者の同意如何に関わらず状況に応じてその力を合法的に行使する役割を担っている点、③以上の点から支援の専門家と被支援者との関係は絶対的な非対称性のもとにある点の三点の理由から、必然的に暴力性aが内包されており、それ抜きでの支援実践は成立し得ない旨を述べた。他方で先の三点を覆い隠す修飾語をふんだんに用いて、暴力性などまるで存在しないかのようにふるまう営み（これを暴力性bとした）も存在する旨を加えて述べた。そのうえで筆者はソーシャルワーカーを含む支援／治療の専門家に必要なこととして、暴力性aを保持していることの開き直りの無い自覚とある種の「諦念」のうえにたった実践の志向、及び暴力性bの顕在化のための継続的且つ徹底的な省察の必要性をやや傲然と説いた（樋澤 2014）。

いわゆる精神保健医療福祉というものは「精神病者／障害者」と「社会（の安全）」の双方に意図せずとも効能を発揮するきわどい二面性を有している。「二九年改正法案」に対する「協会」の関与の姿勢のなかにこのきわどい二面性を省察する慎重さは意識されていたのか否か。本章までの取り急ぎの目的として第1章で掲げた二つの目的、すなわち（1）「事件」の影響を受けた「あり方検討会報告書」に沿ってその方向性が「再発防止」を第一義的な趣旨としてそれまでの議論の流れから大きく修正された「二九年改正法案」は「何」を志向しているのか、及び（2）「協会」は「二九年改正法案」において「社会復帰」をどのように捉えたうえで如何なる職能獲得を目指したのか、についてはその概ねその端緒となる作業は行うことができたと思う。

次章以降では序章で既述の第二の事象、すなわち「協会」が精神保健福祉士の略称を〝Psychiatric Social Worker〟（「PSW」）から〝Mental Health Social worker〟（「MHSW」）へと正式な手続きを経て変更した事象を取り上げ、すでに在ったソーシャルワーク専門職国家資格である社会福祉士とは、、、別建てで制度化した「士法」制定時の根拠、及びやはり国家資格化を目指していた「ＭＳＷ」との制度としての「分立」化の根拠について詳述する。

第４章

“Psychiatric Social Worker”から“Mental Health Social worker”への略称変更の妥当性　その１

――精神保健福祉士法制定時の議論の要点

本章及び第５章では、「協会」が“Psychiatric Social Worker”の略称である「ＰＳＷ」から“Mental Health Social worker”（「ＭＨＳＷ」）へ正式に略称変更を行った事象を取り上げ、「士法」制定時すでに制度化されていた事実上のソーシャルワーカーの国家資格である社会福祉士とは別建てで精神保健福祉士を制度化することになった根拠（立法事実）に焦点化したうえで、その「対象」、「役割」及び「領域（職域）」が拡大していることを名目上の根拠とした呼称変更の妥当性についてごく基本的な事項の整理を行う。

さきに本章では、①「ＰＳＷ」から「ＭＨＳＷ」への略称変更議論、②「ＰＳＷ」の国家資格化の根拠法として一九九七年に成立した「士法」制定時の根拠・理由（立法事実）について、主に当時の厚生省による法解釈について整理する。

また「士法」制定後、約一〇年が経過した二〇一〇年に旧障害者自立支援法改正（「障がい者制度改革推進本部等における検討を踏まえて障害保健福祉施策を見直すまでの間において障害者等の地域生活を支援するための関係法律の整備に関する法律」、二〇一〇年一二月三日成立、二〇一二年四月一日施行、いわゆる障害者総合支援法）における「精神障害者の地域生活を支える精神科救急医療の整備等」の一つとして行われた「士法」改正（以下、「二二年士法改正」と略す）をふまえて、精神保健福祉士の大幅な教育内容の見直しがなされる契機となった「精神保健福祉士の養成の在り方等に関する検討会」（第一回会議：二〇〇七年一二月一九日、以下、「士法改正検討会」と略す）における議論のうち、特に精神保健福祉士の「対象」、「役割」及び「領域（職域）」について議論されている第三回及び四回会議における議論内容、及び「士法改正検討会」による「精神保健福祉士の養成の在り方等に関する検討会中間報告書」（二〇〇八年一〇月二一日、以下、「中間報告書」と略す）の内容についても精神保健福祉士の活動領域に如何なる役割が付加されたのか、また役割の付加（職域拡大）の議論の際は、「士法」制定時の社会福祉士との「住み分け」に関するセンシティブな議論は反映されているのかということに焦点化して述べていく。二〇二〇年の二回目の改正についても触れる。

1 「PSW」から「MHSW」への略称変更議論の整理

「PSW」から「MHSW」への略称変更論議は、「協会」通信誌である『PSW通信』において連載された「PSWという名称を考える」と銘打った各一頁程度の短文連載を端緒としている。連載の各論考は多種多様な領域に所属している精神保健福祉士からのものではあるが、各人の内容は必ずしも略称変更の是非を主題にしているわけではなく、精神保健福祉士の活動領域が「多種多様」になってきていることの「紹介」が中心となっている。

提起の発端は木村真理子による「日本精神保健福祉士協会の英語名称の変更についての提案」である。木村は「日本で五〇年以上にわたって使用されてきたPSW（サイキアトリックソーシャルワーカー）」は「ソーシャルワーカーの仕事が精神医学に限定されないとの認識」のもと「世界ではもはや死語」となっている旨を述べる。そのうえで「時代の変化」をふまえると、〝Mental Health〟を冠することがふさわしいと述べる。加えて日本における「メンタルヘルス」という用語の普及状況をふまえて、「メンタルヘルスの課題にかかわるソーシャルワークが精神保健福祉士（＝メンタルヘルスソーシャルワーカー）の仕事であるという理解を定着させること」（傍点筆者）が「専門職アイデンティティとも関連して重要」であり「専門職の内実と時代に即していることが望ましい」ことであると結論づけている（木村 2017：6）。木村は本論考発行時、「協会」相談役に加えて国際ソーシャルワーカー連盟（ＩＦＳＷ）副会長、同アジア太平洋地域会長の職にあり、後述の「協会」会長論考の趣旨とも相まって、本提案はすなわち本邦における主要なソーシャルワーク職能一団体によるものみなしてもよいだろう[16]。

木村の略称変更提案に対して「協会」名誉会長の柏木昭は「その成り立ちと込められた期待」により、真っ向からの反対ではないものの「ＰＳＷ」の略称を残すことを提案している。柏木昭の主意はそもそも「ＰＳＷ」が国家資格として法制化される以前より、その職域に精神科病院のみならず「精神科医をチームの構成メンバーとして成り立つ病院、施設等に所属するソーシャル・ケースワーカーをＰＳＷと呼称することを期待した」と述べる。すなわち「大学等で福祉を専修し卒業した児童福祉司、家庭裁判所調査官、保護観察所観察官等は、精神科医とチームを組んで、クライエントにかかわるＰＳＷであると規定」されていたとし、いわゆるメンタルヘルス全般にその職域を拡大している現行の精神保健福祉士は、一般医療における「ＭＳＷ」との対称の観点においても「ＰＳＷ」の略称を残すことを望むというものである（柏木〔昭〕2017：6）。

以上の論議ののちに連載されている当該特集論考は種々の広範な活動領域における精神保健福祉士実践の紹介を通して、「魂」、「本質」、「矜持」、「アイデンティティ」、あるいは「原点」の語を入れ込みつつ、当該領域におけるソーシャルワークの重要性を述べるという観点のものとなっている。

富島喜揮は精神保健福祉士に対する「社会の期待」は「広範なメンタルヘルス課題に対応できるソーシャルワーカー」（傍点筆者）にあるとしながらも、「名称を変更しようとすまいと、私たちの本質が変わってしまうようなことがあってはならない」と述べる（富島 2017 : 6）。

大橋雅啓は精神保健福祉士が無資格時代より精神科病院における多職種チームの一員に由来しており、いわゆる社会的入院の解消が進まない現状においては「Ｐ（精神障害者支援、精神医学や精神科病院等）へのこだわり」は「次世代に継承すべき、職業人としての矜持」であると述べる。しかし同時に「ＰＳＷ」という略称は「世界でも通用する共通言語」という点において限界があり、加えて「呼称によってソーシャルワーカーとしての活躍範囲が狭められること」（傍点筆者）に対する憂慮を指摘し、「ＭＨＳＷ」の略称を肯定している。同時に「他団体も含めてわが国としての新たなソーシャルワーカーの枠組み」の検討を提案している（大橋 2018 : 4）。

佐藤恵美は産業保健分野における精神保健福祉士実践をふまえて「メンタルヘルス」は広く認知されている呼称であり「精神保健福祉士としての本質」の問い直しをしつつも、「広い領域でこころの健康に寄与するためには、『メンタルヘルス』を冠した名称変更には、一定の意義」（傍点筆者）があると述べる（佐藤 2018 : 4）。

柴山久義は略称変更議論の必要性に理解を示しつつも「精神保健福祉士の業務が拡大してきても、活動の原点は精神医療と切り離せない」（傍点筆者）として、いましばらくの議論の必要性を述べる（柴山 2018 : 11）。

上記の連載の後、「協会」会長（当時）である柏木一惠は「機関誌」においてメンタルヘルスソーシャルワークへの挑戦：我々は社会の病理に立ち向かえるか?」との主題のもと、精神保健福祉士の活動の軸足は「地域」に進みつつあるとしたうえで、ＷＨＯ憲章における健康の定義を取り上げ、「『福祉的支援を必要とする精神障害者』」から「『医療的支援を必要とする精神障害者』『メンタルヘルス課題をもつ国民』」へと「ソーシャルワーク（たる精神保健福祉士：筆者注）の活躍の場」が拡大していることを指摘する。そして「社会への視点、環境への働きかけを存在意義とする精神保健福祉士」こそが、メンタルヘルス課題に対する「担い手」として求められると述べている（柏木〔一〕2019：11-12）。

略称変更に対する意見は様々であるものの、略称変更の契機として総じて指摘されていることは、すなわち精神保健福祉士の活動領域がメンタルヘルス領域全般に拡大しているという点である。

それではそもそも精神保健福祉士は如何なる根拠（立法事実）のもとに創設されるに至ったのだろうか。

2 「士法」制定の経緯

「士法」成立後、当該法の詳解として厚生省大臣官房障害保健福祉部精神保健福祉課（当時）より『精神保健福祉士法詳解』（厚生省 1998、以下、『詳解』と略す）が発行されている。『詳解』では「士法」創設の前提として、はじめに当時（一九九六年）の「精神障害者の状況」について整理している。当該年の『患者調査』によれば入院患者は約三三万人、在宅患者は約一八三万人であることを指摘する。また同年の日本精神病院協会（現 日本精神科病院協会）による同協会総合調査では「五年以上の入院患者数」が全体の五〇％を占めており、また、人口一万人あたりの精神病床数もアメリカの六・四床、イギリスの一四・八床、ドイツの一三床と比較して日本は二九・一床と「著しく多い」としている。以上の状況をふまえて、「我が国の精神障害者については、医療施設に依存する傾向が強く、入院期間が著しく長」く、「国の社会復帰施策にも係わらず、依然として長期入院の傾向は変わっていない」という状況があり、特に「社会的な環境によって退院にいたらないいわゆる社会的入院患者」に対する「社会復帰に関する相談援助を行う職種」として「PSW」の国家資格が「強く」求められたという点を、創設の第一義的な根拠としてあげている（傍点筆者、厚生省 1998：6-7）。

また『詳解』では、「士法」成立までの過程の概要についても説明されている。本章では、専ら「福祉職」として成立した社会福祉士との住み分けの経緯に焦点化したうえで整理をしておきたい。一九七一年に中央社会福祉審議会（職員問題専門分科会起草委員会）発表された「社会福祉士法制定試案」について『詳解』では「意見が少ない上に反対意見が多く立ち消えとなっ」た旨が述べられている。しかし「協会」は「資格制度以前に協会員の待遇改善を含む社会福祉全般の基盤整備を先行すべき」として、「PSW待遇実態調査研究委員会」を新設したうえで本提案に疑義を呈しており（日本精神保健福祉士協会 50 年史編 2014：13）、『詳解』説明の前半部分とはニュアンスが異なるものとなっている。

その後、一九八七年、厚生省社会局より現行の社会福祉士の法制化方針が出されるとともに、他方、同健康政策局においても精神科ソーシャルワーカーも含む「医療ソーシャルワーカー」等の国家資格化の検討方針が打ち出されたものの、当該資格案が①「高卒＋三年の資格」（『詳解』12-13）であった点、及び②医療ソーシャルワーカーを（「医療と福祉の統合職」ではなく）「医療職」として位置づけること等の理由から、当該職能団体であった「ＭＳＷ協会」の「内部の意見がまとまらず、関係者の意見を集約できなかった」ことから当該職の法制化は見送られることとなった。同年五月二一日に成立した「社会福祉士及び介護福祉士法」において社会福祉士は「専ら、福祉分野でのみ業務を行うことを想定した資格」となった（厚生省 1998：12-13）。

一九九〇年、厚生省は、その前年に出された『医療ソーシャルワーカー業務指針検討会報告書』に基づき医療分野における国家資格である「医療福祉士（仮称）資格化にあたっての現在の考え方」を提示したものの、骨子案の「医師の指示」に反対し、社会福祉士に資格一本化へと「当初の方針を変更し」た（日本精神保健福祉士協会50年史編 2014：24）「ＭＳＷ協会」との「立場に隔たり」（厚生省 1998：12）があり見送られることとなった。その後、1993年には厚生省との折衝について「ＭＳＷ協会」から離れて「協会」独自に対応することとなる。ただしのその後の道のりは必ずしも順調ではなく、本事象よりも以前の一九八七年九月一〇日の第一〇九回国会臨時会衆議院社会労働委員会における「精神衛生法等の一部を改正する法律案（精神保健法：筆者注）」の附帯決議のなかに「精神科ソーシャル・ワーカー等の専門家の養成とその制度化などマンパワーの充実に努めること」という事実上の「ＰＳＷ」の資格化に関する事項が盛り込まれて以降、計七回の国会等における付帯決議[17]を経て、一九九七年二月二六日の公衆衛生審議会（以下、「審議会」）における基本的な法案の方針の決定、同年四月二一日の「士法」案の諮問答申が行われる。同年五月六日、第一四〇回国会通常会に「士法」案が提出されるものの継続審議となる。同年一二月一一日の第一四一回国会臨時会参議院本会議において可決・成立し、同年一二月一九日に公布された。

以上の経緯の通り、厚生省（当時）による「士法」成立の主たる立法事実は、「かねてから長期入院や社会的入院の問題が指摘されている」、「精神障害者の社会復帰」の促進であった（厚生省 1998：14）。また「医師、看護婦等の医療関係の有資格者」しかいない精神病院において「病棟を離れて病院内外を行き来するパイプ役として精神障害者の社会復帰を支える専門職種」、「精神障害者の社会復帰のために必要な医療的なケア以外の支援を行う人材」（厚生省 1998：14）が求められていたということも述べられている。すなわち専門的有資格者集団である精神（科）病院において、その内外のパイプ役を担う専門職としてすでに「士法」以前より病院に雇用され、その職務にあたっていた「約二四〇〇名」の「ＰＳＷ」についても上述の集団の一員に加える必要があり、そのためには国家が担保する資格制度の必要があったということである[18]。

3 「士法」制定時の「対象」と「業務」の範囲
——社会福祉士との「住み分け」に焦点化して

次にその「対象者」と「業務の範囲」に関する、厚生省（当時）の解釈について、上述の『詳解』に加えて「審議会」における議論（議事録）の中身について、第1節で整理した「PSW」から「MHSW」への略称変更論議の「根拠」を念頭に置きつつ、整理する。

精神保健福祉士の目的は上述の通りであるが、『詳解』では精神保健福祉士の対象者を「神病院等からの社会復帰の途上にある精神障害者」とする。ここでいう「社会復帰の途上」の意味について『詳解』は「医療的なケアを必要とする精神症状が安定していない者」（傍点筆者）としている。具体的に想定される対象者として、①精神病院、精神科デイ・ケア施設に入・通院中の精神障害者、②精神障害者社会復帰施設に入・通所している精神障害者、③地域において生活する精神障害のうち、未だ医療施設への適切な受診に至っていない精神障害者の三者を挙げる。①〜③全てにおいて「地域」において生活している精神障害者が想定されているが、この対象規定において精神保健福祉士が社会福祉士とは別建ての資格である理由が明確に述べられている。すなわち、精神保健福祉士の対象は「社会復帰」の「途上にある者」、具体的には「医療的なケアを必要とする精神症状が安定していない者」（精神科病院から退院しようとしている者）を指し、「既に社会復帰を遂げ、精神症状が安定している者」は「精神保健福祉士の業務の主たる対象者とは想定していない」（傍点筆者、厚生省 1998：23）。既に社会復帰を遂げている精神障害者は「身体障害者、精神薄弱者と同様、生活を営む上でのハンディキャップの除去、軽減が必要とされる障害者」であり「主として福祉の支援が必要とされる者」であり、「これらの者についての日常生活上の困難を補うための福祉に関する相談援助を行う専門職種としては、社会福祉士がある」と明確に規定している（厚生省 1998：23）。

　以上の点は精神保健福祉士の活動領域（「業務の場」）についても社会福祉士のそれと明確に住み分けられたうえで規定されている。これまで述べてきたように『詳解』では精神保健福祉士の対象は「精神病院等に入院中の精神障害者及びそこからの社会復帰の途上にある精神障害者」であり、「業務を行う場所に制限はない」ものの、「主に精神病院その他の医療施設及び精神障害者の社会復帰の促進を図ることを目的とする施設並びに保健所等の行政機関」を主たる精神保健福祉士の業務の場として想定している。精神保健福祉士の対象規定の限定性を特徴づけている点として、『詳解』による「小規模作業所」の記載がある。すなわち「小規模作業所」も「当然精神保健福祉士の業務の対象としてみなすべきものも存在する」が、「その利用者が精神症状の安定していない精神障害者かどうかを一概に判断することができない」ことを理由に、それを精神保健福祉士の業務の範囲とすることについては「今後の検討課題」と明記しているのである（厚生省 1998：24-25）。

　ここまでの整理をすれば、社会福祉士との「住み分け」の観点において、精神保健福祉士の「対象」は、少なくとも「士法」成立当時は、主に精神科病院に入院しているか、あるいは地域においいて生活しているかに関わらず「社会復帰の途上」（社会復帰を遂げていない）にある精神障害者であり、また「業務の範囲」は、あくまで「社会復帰の途上」にある精神障害者が主として治療／支援を受けていることが想定される精神科病院、社会復帰施設、そして保健所等の行政機関であるということである。

第1節で整理した通り、「協会」における「MHSW」への略称変更議論では、実質的な業務の領域が「PSWの活動領域がメンタルヘルス領域全般に拡大してきている」ため、世界的な潮流とも相まって業務の実情に合わせるべきであるという論調が主流である。むろんここで述べられている「メンタルヘルス」の領域とは先述した柏木（二）論考にある通り、「福祉的支援を必要とする精神障害者」を超えて、「医療的支援」及び「メンタルヘルス課題をもつ国民」に対する「ソーシャルワーク」の領域と解すことができる。しかしながら繰り返しになるが、すくなくとも「士法」制定時の議論では厚生省（当時）は、当該領域については精神保健福祉士の対象・業務領域ではないということについて明示している。

この点については「士法」制定経緯で取り上げた「審議会」においても議論されている。「士法」提案の佳境に入った段階でもあった当該「審議会」では新設予定の精神保健福祉士の「対象」と「業務の範囲」について、他職種（特に医療職と社会福祉士）との住み分けに関して、微細な議論が行われている。「審議会」では保健所における精神保健相談員業務との住み分けの議論も行われているが、そのなかでメンタルヘルス領域については、精神保健福祉士（精神保健福祉士）は担わないということについて、当時の厚生省精神保健福祉課長により明言されている。以下に当該議事を引用する（委員名は匿名、傍点筆者）。

精神保健福祉課長：

精神保健相談員との住み分けの問題というのはかなり難しい問題で、限りなく重なっていると思います。ただ、精神保健相談員はあくまで保健所で働かれる方という規定ですし、メンタル・ヘルスを一つの大きな柱として業務が規定されております。精神保健福祉士はそういう部分はないというふうに考えていただいていいと思います。勿論メンタル・ヘルス一般にやってはいかぬという話ではなくて、やることは可能なのですけれども、少なくとも業務の範囲としてはそれは規定されていない。その辺少し大きな違いになるのかなということでございますけれども。

委員：

メンタル・ヘルスという言葉なのですが、これは非常に今、広く使われている言葉ですので、PSWという名称を使ってメンタル・ヘルスはやらないということなのですね。

精神保健福祉課長：

はい。

委員／

だから看護婦さんがこの社会復帰等の業務をやる場合は看護婦としてなるのであって、PSWという名前を使って業務をやらないということと理解していいのですね。／そうしますと、社会復帰を行うために新しい職種をつくって社会復帰を促すのだというように考える。新職種をつくって社会復帰を促進させようということを考えているということでよろしゅうございますでしょうか。

精神保健福祉課長／

はい。

すなわち、メンタルヘルスは「ＰＳＷ」の領域である可能性は否定しないが、少なくとも国家資格としての精神保健福祉士の活動領域としては。「士法」制定議論の段階では明確に否定されている。

4 「二〇一二年士法改正」で付加された役割としてのメンタルヘルス

「士法」制定後、約一〇年が経過した二〇一〇年に旧障害者自立支援法改正（「障がい者制度改革推進本部等における検討を踏まえて障害保健福祉施策を見直すまでの間において障害者等の地域生活を支援するための関係法律の整備に関する法律」、二〇一〇年一二月三日成立、二〇一二年四月一日施行）における「精神障害者の地域生活を支える精神科救急医療の整備等」の一つとして「二〇一二年士法改正」がなされている。精神保健福祉士の活動領域等の見直し（拡大）の契機となったのは「士法改正検討会」である。本節では「士法」制定議論において、特に社会福祉士との住み分け、また保健所精神保健相談員のメンタルヘルス業務との住み分け議論をふまえて提出された「士法改正検討会」による「中間報告書」の当該箇所について、特に精神保健福祉士に如何なる役割が付加される方向になったのかということに焦点化して述べる。

「二二年士法改正」に向けての会議は二〇一〇年三月二日まで、計八回開催されている。そのなかでも特に第三回及び四回会議の主要議題が「求められる精神保健福祉士の役割について」となっており、「士法」制定時の「審議会」同様、精神保健福祉士の「領域」の拡大にあたり、他職種との「住み分け（棲み分け）」に関する微細な議論が行われている。

例えば第三回会議（二〇〇八年七月一一日開催）では、構成員（当時）の古川孝順（東洋大学ライフデザイン学部学部長（当時））は、「ＰＳＷの課題として設定されていた問題を、それを解決しようとすると、ＰＳＷ的なアプローチだけでは足りなくなって、どんどん生活全般を考えなければというふうに拡がってきている」と同時に、社会福祉士についても「ネットカフェ難民」、「貧困の問題」、「認知症云々という問題」、「学校の問題」など「従来の社会福祉士の知識だけではどうにもならないというところが出てきて」おり、「コアの部分は違うのかもしれないけれども、対象のほうもかなり重なり合ってきているところがあるし、そこで導入されようとしているいろんな、直接であれ、間接であれ、表現はともかくいろんな技術というか、スキルというか、これもほとんど重なり合ってきて」いるという現状があるため、精神保健福祉士業務の領域との「若干の行き違い」、「重なり」が出てくる可能性があるため、「整理する」ことを念頭に入れておく必要性について発言している。この古川発言に対しては、職能団体代表として大塚淳子（社団法人日本精神保健福祉士協会常務理事（当時））が、当会議一か月前に開催された「協会」大会の場における「多様な拡がり」分科会報告にみられる精神保健福祉士の職域の「多岐にわたっている」状況とともに、「自殺関連問題」、「災害被害の支援」に対して精神保健福祉士に声かけがなされている実情を紹介したうえで、「社会福祉士さんと取り合いをするのではなくて、うまい棲み分けができたらいいなと思う」と述べており、「お互いに得意を発揮していけるような棲み分けの書きぶりが、当報告の中でまとまっていく」方向を望む旨を述べている。また第四回会議（二〇〇八年八月二九日開催）は第三回会議をふまえての修正・追加点に関する議論が中心となっているが、例えば第三回会議で精神保健福祉士が、加えて担うべき役割として発言されていた「予防」、「普及啓発」に関する事項について上述の大塚より「予防とか普及啓発に関するところにつきまして私は随分こだわりを持って発言」した旨、及び「貢献ができる職種として今後報告をまとめていく中では、少しその役割の果たし方については検討中であるとか、何か課題が残っているみたいなことが盛り込まれていくといいと思います」と述べている。

「中間報告書」では当該時期より「一〇年」で「受入条件が整えば退院可能な者（約七万人）」については精神病床の機能分化・地域生活支援体制の強化等による「解消」を目指したものの、実際には一・八万床（三・六万人）の減少（二〇一四年）にとどまった「ビジョン」を取り上げ、定型的に精神障害者の地域移行の不十分さに言及した後、「（「士法」：筆者注）制度創設当時に求められた『精神障害者の社会復帰の支援』を担う役割については、その重要性が一層高まっている」と述べられている。そのうえで「今後の精神保健福祉士に求められる役割」として従来の「医療機関等におけるチームの一員として精神障害者の地域移行を支援する役割」に加えて「精神障害者の地域生活を支援する役割」があげられている。これの実現のために加えられるべき具体的業務として「援助計画の作成、日常生活能力向上のための指導、生活技能訓練及び退院のための家族環境の調整（中略）、在宅・医療福祉サービスの調整、（中略）居住支援、（中略）就労支援、（中略）地域住民に精神障害者の理解を求めるとともに、他職種（中略）連携し、必要な社会資源を整備、開発するための地域づくりを行うこと」が明示された。

「士法改正検討会」は本書執筆時点（二〇二二年三月）では二〇二〇年二月二八日まで開催されており、「二二年士法改正」とそれをふまえた一回目のカリキュラム改正につづく二回目の大幅なカリキュラム改正の骨格となった「とりまとめ」として「精神保健福祉士養成課程における教育内容等の見直しについて」及び「精神保健福祉士資格取得後の継続教育や人材育成の在り方について」が同日付で公表されている。これに基づき社会福祉士養成課程と並行して二〇二一年度入学生より各養成校では二回目の改正となる新カリキュラムが適用されることとなった。

「精神保健福祉士養成課程における教育内容等の見直しについて」の冒頭では二回目の「見直しの背景」として、①「精神保健福祉士を取り巻く環境の変化に伴い、精神保健福祉士が果たす役割は、精神障害者に対する援助のみならず、精神障害等によって日常生活又は社会生活に支援を必要とする者や精神保健（メンタルヘルス）の課題を抱える者への援助へと拡大してきている」点、②「役割の拡大とともに精神保健福祉士の配置・就労状況も、医療（病院・診療所など）、福祉（障害福祉サービス等事業所など）、保健（行政など）から、教育（各種学校など）、司法（更生保護施設、刑務所等矯正施設など）や産業・労働（ハローワーク、ＥＡＰ企業、一般企業など）へ拡大している」点、及び③「（前略）包括的な相談支援を担える人材育成等のため養成カリキュラムの見直しを検討すべきとの指摘がされている」点の三点を挙げている。以上を具現化するカリキュラム改正として、例えばこれまで社会福祉士課程において「更生保護制度」として必修化されていた科目を「司法領域において精神保健福祉士には、司法と福祉の更なる連携の促進や刑事司法手続きの各段階における犯罪者・犯罪被害者の福祉支援ニーズの把握と支援といった、生活支援や精神保健上の支援を行うことが求められている」ため「社会福祉士養成課程における『更生保護制度』の科目を基礎として、ソーシャルワークの専門職である精神保健福祉士と社会福祉士の養成課程において共通して学ぶ必要がある教育内容を整理し、共通科目」化したうえで「刑事司法と福祉」（三〇時間）として必修化されている。また上記と同様に「精神保健福祉士がこれまでの地域福祉の展開過程や福祉行財政等の知識を基礎とした上で、地域共生社会の実現を推進する中で求められる役割を理解し、必要とされる知識を習得するための科目」として「地域福祉と包括的支援体制」（六〇時間）が共通科目としてあらたに必修化されている。この科目は社会福祉士養成課程前カリキュラムにおける

「地域福祉の理論と方法」に当該新カリキュラムでは廃止となった「福祉行財政と福祉計画」の内容を一部盛り込んだものとして科目化されたものである。

すなわち「二二年士法改正」の段階で精神保健福祉士は、「士法」制定時に議論された社会福祉士とは別建ての資格としてあえて創設すべき根拠の枠を超えて、「住み分け（棲み分け）」の議論が曖昧なまま、端的にメンタルヘルス領域における「ソーシャルワーク」となっており、二〇二〇年の二回目のカリキュラム改正ではそれをさらに補完・強化する方向となったといえる。

5 小括

以上、本章では、「協会」より提案されている「ＰＳＷ」から「ＭＨＳＷ」へと略称変更の妥当性について、社会福祉士とは別建てで制度化した「士法」制定時の根拠（立法事実）に焦点化したうえで整理検討を行った。

略称変更についてはむろん様々な意見があるものの、その契機として総じていえることはすなわち精神保健福祉士の活動領域がメンタルヘルス領域全般に拡大しているという点である。この点は略称変更に対する是非とは別に概ね肯定的に了解されていた。

この点をふまえたうえで、「士法」制定の経緯、及びその根拠（立法事実）について当時の厚生省の見解をもとに整理を行った。「士法」制定議論のなかで「求められていた人材」とはすなわち

「医師、看護婦等の医療関係の有資格者」しかいない精神病院において「病棟を離れて病院内外を行き来するパイプ役として精神障害者の社会復帰を支える専門職種」、「精神障害者の社会復帰のために必要な医療的なケア以外の支援を行う人材」であった。またその「対象」は、社会福祉士との「住み分け」を意識されたうえでの、主に精神科病院に入院しているか、あるいは地域において生活しているかに関わらず「社会復帰の途上」(社会復帰を遂げていない)にある精神障害者であった。

さらにその「業務の範囲」は、あくまで「社会復帰の途上」にある精神障害者が主として治療／支援を受けていることが想定される精神科病院、社会復帰施設、そして保健所等の行政機関が想定されていた。「協会」による「MHSW」への略称変更の根拠の一つとして、精神保健福祉士の業務が「医療的支援」及び「メンタルヘルス課題をもつ国民」全般に対する領域(メンタルヘルス領域)にまで「拡大」してきている点があげられているが、先述のとおり「審議会」において厚生省精神保健課長(当時)が明言しているように、少なくとも「士法」制定時の議論ではメンタルヘルスは国家資格としての精神保健福祉士の活動領域としては想定されていなかった。

その後、二〇一〇年の障害者自立支援法改正の一つとして「二二年士法改正」がなされたが、本改正に至る「士法改正検討会」では精神保健福祉士の領域拡大がうたわれており、結果的に従来役割に「精神障害者の地域生活を支援する役割」が加えられる方向で改正が行われた。すなわち社会福祉士とは別建てで必要とされた精神保健福祉士は端的にメンタルヘルス領域におけるソーシャルワーカーとなったのである。やや粗放な言い方をすれば、「士法」制定時の経緯とともに社会福祉士との「住み分け」の課題、また「審議会」における精神保健相談員との「住み分け」の課題を棚上げしたうえで、現時点における精神保健福祉士の活動を素朴に表す限りにおいて「ＭＨＳＷ」の略称は、確かに正しいという結論となる。

それならばなぜ、ソーシャルワーカー専門職は統一化されていないのか。次章では「士法」制定に直接かかわる国会委員会における審議内容の精査を通して、「士法」制定当時、既に国家資格として制度化されていた社会福祉士、及びやはり国家資格化を目指していた「ＭＳＷ」との制度としての「分立」化の根拠とその妥当性について整理する。

第5章

"Psychiatric Social Worker" から "Mental Health Social worker" への略称変更の妥当性　その2

——精神保健福祉士法制定時の国会議事録にみる「分業」化の根拠

本章では前章をふまえて、「士法」制定に直接かかわる国会委員会のうち特に「士法」案が付託され実質的に審議された四つの衆参厚生委員会議事録（傍線の委員会審議録）を検討材料としてその審議内容の精査を通して、「士法」制定当時、既に国家資格として制度化されていた社会福祉士、及びやはり国家資格化を目指していた「ＭＳＷ」との制度としての分業化の根拠について詳述する。なお「士法」案上程後の国会委員会の審議過程は以下の通りである[19]。

・第一四〇回国会衆議院厚生委員会（一九九七年六月六日）に付託（「士法」案〔内閣提出第九〇号〕趣旨説明のみ）。

・第一四〇回国会衆議院本会議及び同参議院本会議（一九九七年六月一八日）にて継続審議。

・第一四一回国会衆議院厚生委員会（一九九七年一一月二一日）に付託（実質的審議その1、以下、「1121委員会」と略す）。
・第一四一回国会衆議院厚生委員会（一九九七年一一月二八日）審議後、賛成多数で原案可決し衆議院本会議に提案（実質的審議その2、以下、「1128委員会」と略す）。
・第一四一回国会衆議院本会議（一九九七年一二月二日）にて賛成多数で可決、参議院へ送付。
・第一四一回国会参議院厚生委員会（一九九七年一二月四日）に付託（趣旨説明のみ）。
・第一四一回国会参議院厚生委員会（一九九七年一二月一一日）審議（実質的審議その3、以下、「1211委員会」と略す）。
・第一四一回国会参議院厚生委員会（一九九七年一二月一二日）審議後、全会一致で原案可決し参議院本会議に提案（実質的審議その4、以下、「1212委員会」と略す）。
・第一四一回国会参議院本会議（一九九七年一二月一二日）にて全会一致で可決、成立（法律　第百三十一号）。

本章の検討対象とする国会委員会における主要な政府委員（政府委員は二〇〇一年に廃止、現在は政府参考人）は、小林秀資（厚生省保健医療局長）[20]、炭谷茂（厚生省社会・援護局長）、そして篠崎英夫（厚生大臣官房障害保健福祉部長）[21]、の三名である（肩書・所属は当該法案審議当時、以下姓のみ）。小林は主に「ＭＳＷ」、炭谷は主に「社会福祉士」、そして篠崎は主に「精神保健福祉士」をそれぞれ所管していた。「1128委員会」において資格ごとの所管が異なる点についての質疑に対する各人の答弁もあるように[22]、資格の分立の根底には当時の厚生省における担当部署間の「縦割り」行政という至極シンプルな事実がある。そのため委員の質疑に対する答弁内容のみならず、「誰」が答弁しているかということについても留意をする必要がある。

本章では本主題に関わる質疑を行っている以下の委員の答弁内容を主たる整理検討材料とする。「1121委員会」は、矢上雅義（新進党）、金田誠一（民主党）、桝屋敬悟（公明党）、「1128委員会」は、根本匠（自民党）、山本孝史（新進党）、石毛えい子（民主党）、「1121委員会」に引き続き金田誠一（民主党）、「1211委員会」は、宮崎秀樹（自民党）、清水澄子（社会民主党）、「1212委員会」は、西山登紀子（日本共産党）（所属政党は当時、以下姓のみ）。

当該国会委員会における議事を精読するかぎり、当該委員会における審議の主要論点は以下の三つの論点に収斂させることができる。

①社会福祉士とは「別建て」の資格を設ける「根拠」及びその「是非」
②「士法」制定時に想定されていた精神保健福祉士の「業務」及びその「対象」
③「士法」第四一条二項における「主治の医師」による「指導」の意味

以上の三つの論点は当然ながら個々独立した論点としてではなく、他の論点と密接に結びついたかたちで審議がなされている。また以上の論点の他にも、④「士法」制定時の「精神科領域における（無資格）ソーシャルワーカー」と「社会福祉士国家資格取得者」との、「士法」制定後の経過措置期間における国家試験受験資格取得方法の差異（前者は「実務五年」で良いとされたことに対して、後者は実務経験の算入はなされず最低「六ヵ月（六六〇時間）の短期養成機関」を経なければならないことに対する「不公平性」に関する論点）、⑤精神保健福祉士取得者を医療機関等に配置した場合の機関側のインセンティブの可能性（業務の「診療報酬」化＝業務独占）等についても、上述三点との接続性を持ったかたちでの審議の記録がある。本章ではこれらの論点についても触れる。

1　社会福祉士とは「別建て」の資格を設ける「根拠」及びその「是非」

「士法」制定時の国会委員会の主要論点の一つは、ソーシャルワーカーの既存資格である社会福祉士とは「別建て」の資格をあえて設ける根拠とその是非である。既に制度的には社会福祉士が存在し、且つ当該国会委員会でも再三、議論の俎上に挙げられている「ＭＳＷ」資格化構想も含めて、仮にこの時点で全て実現すれば三種類のソーシャルワーカーの国家資格が分立する状況となっていた。

当該国会委員会での質疑／答弁をより正確に見ると本項論点はさらに、（1）社会福祉士と「別建て」資格を創設する根拠とその是非、（2）社会福祉士とは「別建て」で当時構想段階にあった

（そして結局資格化はされなかった）「ＭＳＷ」ではなく、精神保健医療福祉領域に限定された精神保健福祉士のみに限定した資格を「ＭＳＷ」に先行して創設することが可能となった理由、という二点に分けることができる。以下では、それぞれについての政府委員答弁内容について整理する。

1-1 社会福祉士と「別建て」資格を創設する根拠とその是非

本論点については後述の本節2項とも関連するが、端的に「専門性の違い」に焦点化して答弁がなされている。この点に関しては「1128 委員会」における根本と篠崎の質疑／答弁がある。根本は「理想的には横断的な資格が望ましい」ことを前提としたうえで、医師資格の特徴を例に挙げ、精神保健福祉士を独立して資格化する理由を問うている。それに対しては篠崎が、社会福祉士の対象と業務を挙げたうえで、対象の「社会復帰」の様態を軸として社会福祉士の専門性では「不十分」な点を剔出し、その点において専門性が異なるため精神保健領域における新資格が必要である旨を答弁している。すなわち、社会福祉士は「身体上または精神上の障害があること、または環境上の理由により日常生活を営むのに支障がある者の福祉に関する相談援助を行う職種」であり、「傷病者の相談援助を行うための保健に関する知識、技術は必ずしも十分ではなく、福祉一般の領域と比較して保健医療に関する専門性、特殊性の強い病院において入院者を対象として活動することを想定」していない旨を述べる。他方、俎上に載せられている精神保健福祉士は「精神症状が安定していない精神障害者の社会復帰に関する相談に応じ、助言、指導、訓練その他の援助を行う」

専門職であり、「精神病院に入院中の障害者やそこからの社会復帰途上にある精神障害者を業務の対象」とする旨の答弁をしている。

「社会復帰」はそれが使用・適用される分野・領域によって振幅があり、ほんらいはその発話主体がどのような条件付けを客体に課しているのかまで明示する必要がある概念である。当該国会委員会における政府委員答弁においてたびたび登場する精神保健福祉士の対象者の様態としての「社会復帰」の「途上」にある精神障害者が具体的にどのような状態にある人たちであるのかについては必ずしも丁寧な説明がされているわけではないが、文脈をふまえればそれは地域社会における受入体制さえ整えば退院可能な状態にある精神科医療機関に入院している精神障害者、と言うことになろう。精神保健福祉士は、精神症状が安定していないことを理由とした社会復帰の途上（社会復帰していない）にある精神障害者に対して、社会復帰完了に向けた援助を行う専門職である。そしてそれは保健医療領域における活動を想定していない社会福祉士の領域外である。そのためその方面を専任する専門職としての精神保健福祉士が必要である、という理路である。

また上記に加えて同質疑に対して篠崎は、資格分立の根拠について養成教育における物理的な都合も根拠に挙げている。すなわち「社会復帰途上にある精神障害者については、判断能力や社会適応能力が十分でないことがあり、また、精神症状が安定していないことから、常に精神疾患に配慮しつつ相談援助や日常生活上の適応のための訓練を行う必要があるなどの特殊性」が存在し、そのためには「福祉に関する知識、技術だけではなく、精神障害者の保健医療に関する専門的知識、技術を有していることが不可欠」であるため、社会福祉士とは「求められる専門性が異なる」。そのため「精神障害者の保健医療に関する専門的知識、技術」取得のためには社会福祉士養成課程のみでは不十分であり、当時の社会福祉士養成課程への「上乗せ」で行う場合は、「約一・五倍」の養成科目が必要となり、通常の大卒課程のみでは履修が不可能となるため「人材の確保に支障を来すおそれが」あり、「精神障害者の社会復帰を緊急に進めるため」には、独立した養成課程が必要という理由である。

なお前者の、精神症状の安定していないことを理由とした社会復帰の途上にある精神障害者支援の専門職の必要性という根拠に関しては、必然的に精神疾患に対する治療が現在進行形で履行されていることになるため、必ず「主治の医師」による当該専門職に対する関与が必然となる。この点は上記の理路に加えて「MSW」が構想のみで終焉した理由とも接続する論点である。この点は3節で後述する。また、後者の養成教育の物理的な不都合を根拠とすることについては、社会福祉士資格保持者が精神保健福祉士資格を取得するルートと、精神保健医療福祉領域におけるソーシャルワーカー（無資格者含む）が取得するルートとの差異も当該国会委員会における論点の一つとなっており、上記の篠崎の答弁の通り必ずしも単純な科目の「上乗せ」で可とはなっていない。この点は3節1項で触れる。

1-2 保健医療領域において精神保健福祉士のみ先行して創設が可能となった理由

社会福祉資格とは「別建て」の資格として精神保健福祉士を創設する根拠とその是非に関する論点は、そのまま保健医療領域という共通の領域において精神保健福祉士のみ先行して創設することが可能となった理由に接続している。すなわち「主治の医師」による関与を受入れるか否かに対する「協会」の対峙の姿勢である。

本論点については複数の委員により質疑がなされている。「MSW」資格化構想（との差異）に関する内容が含まれている場合は、上述の通り主に小林が答弁している。また答弁のほとんどにおいて3節で後述する「主治の医師」による「指示」もしくは「指導」を了とするか否かについての職能団体間の調整／不調整の状況が資格化の可否に接続している旨の答弁がなされている。端的に言えばそれを了とすることを甘受したうえで早期の資格化を求めていた「協会」と厚生省主管課の思惑が一致し、結果的にそれを了としなかった「MSW協会」より先行・分立のうえ資格化構想が実現したということである。

「1121委員会」において桝屋は与党の立場から、保健医療分野における統一的資格ではなく、あくまで精神保健医療福祉領域に特化した資格としての精神保健福祉士を創設することについて「さまざまな議論があるということはよく承知」していることをふまえたうえで、「PSWが先行することによってソーシャルワーカーとしての分断をされては困る」という声もあり、その点においての憂慮がある旨の質疑をしている。これに対して小林は「広い意味でのソーシャルワークというのが福祉の現場でも医療の現場でも必要」というように統一的な資格を前提としつつも、「医療の現場」の特徴として「まず病気を治す」場であることを強調する。そのうえで精神保健福祉士法案について「日本の医療体制では、医療職種はみんな医師の指示のもとに、今回の場合は、医師の指導のもとにという形でＰＳＷ、精神保健福祉士の身分法を提出」している旨、答弁している。すなわち、端的に医療機関で専門職として業務に従事するかぎりは「主治の医師」の「指示」が前提であるという答弁である。小林は自身が「精神保健課長」の際、社会福祉士が先行して資格化されたのを「横目で見」ながら、医療領域におけるソーシャルワーカー資格については、「協会」の意向に対して「待ちなさい、ＭＳＷの方も一緒にやるべきであろうということでまずやった」ものの職能団体間の不調整の故、「今は精神障害者の方が緊急の課題」であることもふまえて、精神保健福祉士法案のみ独立したかたちで提案した旨も、加えて答弁している。

「1128委員会」では1節1項で上述した根本が本論点についても質疑している。根本は精神保健福祉士の独立資格化にあたり、「残された医療ソーシャルワーカー、ＭＳＷ」の資格化について、二段階の「ステージ」を提案している。第一のステージが社会福祉士と「ＭＳＷ」の共通資格化、そして第二が（精神保健福祉士を包含した）統一資格化という道筋である。根本の質疑は医療領域における共通資格ではなく、あくまで社会福祉士と「ＭＳＷ」の共通資格化の次に精神保健福祉士との更なる共通資格化の道筋を考えるというものである。4節1項でも後述するが、根本によるここでの質疑は、当該資格化法案審議時、現職者の社会福祉士受験資格のための実務経験施設に医療機関が含まれていなかったため、医療分野における無資格ソーシャルワーカーが空白状況になってしまうことの危惧を内包している。根本の提案する共通資格化の道筋の可能性に対して小林は、「ＭＳＷ」については「今お諮りいたしております法案の成立後」に「速やかに検討を開始したい」旨を述べたうえで、根本の提案する特に第一のステージ、すなわち社会福祉士と「ＭＳＷ」の共通資格化の道筋については、「医療の世界は、医師の指示または指導のもとにという形」になっており、「福祉の世界は、それは医療現場と離れている社会ということで、またはそちらは医師の指示というのは書いて」おらず、「そういうところの調整などが残っておるし、また、団体の中の皆さんにもいろいろ意見」がある状況であり、この時点では「できかねる」旨の答弁をしている。

「1128委員会」ではほかに山本、金田、「1211委員会」では宮崎、清水、「1212委員会」では西山がほぼ同趣旨の質疑を行っているが、基本的には小林により上述同様、すなわち精神保健福祉士と「ＭＳＷ」（さらには社会福祉士）との共通資格は早期には困難であるが、仮に精神保健福祉士が成立した場合、「真ん中に医療ソーシャルワーカーという方々の身分法がないという状態」（「1212委員会」における西山の質疑に対する答弁）になるため、精神保健福祉士成立後に速やかに「ＭＳＷ」の資格化に着手したい、という答弁がなされている。本論点における「主治の医師」の「指示」あるいは「指導」が何を指すのかについては3節で後述する。

2 「士法」制定時に想定されていた精神保健福祉士の「業務」及びその「対象」

本論点については上述1節1項と関連するかたちで、主に「1121委員会」及び「1128委員会」において質疑／答弁が交わされている。質疑／答弁の要点は基本的には1節1項で整理した内容（すなわち「1128委員会」における篠崎による、「業務の対象」は「精神病院に入院中の障害者やそこからの社会復帰途上にある精神障害者」）とほぼ同様であるが、本論点ではそれに加えて精神保健福祉士が業務を履行する「場」の限定性、及び必要とされる「数」の不足状況が、社会福祉士あるいは「ＭＳＷ」とは「別建て」の資格を「早急」に必要とする根拠として挙げられている。なお「数」については、多少の「粗」があるとしてもあくまで当該国会委員会における答弁内容のみを引用する[23]。

「1121委員会」において桝屋は精神保健福祉士が「一万人」、内、（精神科）医療機関において「六千人ぐらい」必要である根拠について質疑している。それに対して篠崎はその根拠について「精神保健福祉士を必置とするというようなことは考えて」いないことを前提としたうえで、「まず精神病院などの医療機関、それから精神障害者の社会復帰施設、保健所、精神保健福祉センターなどの公的機関において、一通り配置されるとした場合の最低限度の目標」と答弁している。内、「各単科の精神病院」における「六千人ぐらい」の根拠については、「一病棟五十床といたしまして、将来的には各病棟に一人ぐらいの精神保健福祉士が設置されればなということで、今約三十三万人ほど入院患者がおりまして、そのうち、障害者プランによりまして二万人から三万人ぐらい社会復帰をするということ、引き算をいたしまして、その三十万人ちょっとを五十人で割ると六千人」と答弁している。ここでいう「障害者プラン」とは、総理府（当時）障害者対策推進本部により決定された一九九六年度から二〇〇二年度までの七か年を計画期間とした「障害者プラン〜ノーマライゼーション7か年戦略」のことである。

「数」については「1128委員会」における石毛の質疑に対する篠崎の答弁として、上述の答弁よりは詳しい内訳が提示されている。「数」について（精神科）医療機関については「例えば一病棟五十人というふうに想定いたしますと、その病棟に将来は一人ぐらいのそうした精神保健福祉士の配置が必要」であり、（法案審議時時点の入院患者数が）「若干数字が三十万か三十一万かというところ、あるいはちょっとぶれるところ」があるものの、それを「割り算」して「医療機関においては、病院を中心にして約六千二百人という数字」をはじき出した旨の答弁がなされている。また、「社会復帰施設」については法案審議時の「障害者プラン」における設置達成数である「約千施設」に各一人として千人、「保健所、精神保健福祉センター」についてはやはり法案審議時時点における「精神保健福祉相談員」の総数「約二千三百人ぐらい」を合算した数に上述の医療機関における数を更に合算した「最低限の目標」として「約一万人」と答弁している。

要するに、「数」及び「場」に関する質疑／答弁は、そのまま「士法」制定時に想定されていた精神保健福祉士の「業務」及びその「対象」をあらわしている。その主たる対象は精神科医療機関に入院しているものの地域における社会復帰体制が完備されれば退院可能な状態の患者であり、主たる業務はその対象者（社会復帰の途上にある者）を「退院」させること（社会復帰させること）となる。この点が社会福祉士及び「ＭＳＷ」の対象者と異なる点であり、「早急」に資格化が必要であることの根拠として答弁がなされているのである[24]。

3　「士法」第四一条二項における「主治の医師」による「指導」の意味

本節見出しの通り「士法」第四一条二項において精神保健福祉士は「その業務を行うに当たって精神障害者に主治の医師があるときは、その指導を受けなければならない」旨が規定された。同じソーシャルワーカーの国家資格である社会福祉士の所管法にはむろんこのような規定はない。社会福祉士については、一九九八年に社会福祉士国家試験受験資格取得の実務経験対象施設の一つとして医療法に基づく病院・診療所が加えられたことに続けて、二〇〇六年には養成課程における実習施設の一つとしても同様に位置付けられている[25]。後者において「ＭＳＷ」の公的資格は事実上、社会福祉士と規定されたといえる。すなわち保健医療機関ではたらく「ソーシャルワーカー」のうち、「理屈」としては「精神保健福祉士」としてその対象が精神科病院に入院もしくは通院している場合にかぎり、「主治の医師」の「指導」のもとに業務遂行することになったのである。本論点は、ここでいう「主治の医師」の（「指示」ではなく）「指導」の意味内容である。

本論点については主に「1128委員会」において山本と篠崎及び小林との間で質疑／答弁が交わされている。篠崎との質疑／答弁の焦点は「主治の医師」の「指導」の中身と精神保健福祉士の自律的な専門的業務との関係についてであり、小林との質疑／答弁の焦点は「主治の医師」による「指示」が「指導」に修正されたことによる精神保健福祉士資格創設進展の様相を「突破口」として「MSW」においても援用することの可能性についてである[26]。

「主治の医師」の「指導」の中身に関する篠崎との質疑／答弁において、山本は「医師の指示ではなく指導で業務を行うという、この指導という概念を持ち込んできたというか、見つけてきたというところ」が精神保健福祉士法案関係者の「一つの売りであろう」としたうえで、ここでいう「指導」の意味について、「指示」概念に表されるような「医師を頂点とするピラミッドの中の保助看法（保健師助産師看護師法 ※筆者注）的な、下に来る」のではなく、「チーム医療という概念をきっちりと踏まえた上の並列的な資格の一つ」として位置づけられるのか否かについて質疑している。すなわち精神保健福祉士の自律的な業務遂行可能性の濃度に関する質疑である。これに対して篠崎は「指導」の意味内容について「合理的な理由がある場合、相手方はこれを尊重する必要があるけれども、指示のように、必ずこれに従わなければならないと拘束するものではなく、相手方に採否の選択を許すという意味を有するもの」と答弁している。そのうえで精神保健福祉士の対象は上述の通り「精神症状が安定していないため、個々の精神障害者の精神疾患の状態や、あるいは治療計画などについても十分に把握した上で相談援助を行うことが必要」のある「社会復帰途上の精神障害者」であり、主治の医師がいる場合は個々の精神疾患の状態に関する「アドバイスを受けなければならないものとした」と重ねて答弁している。「主治の医師」がいる場合は必ずそれの「指導」=「アドバイス」を受けながら業務遂行を行う必要がある旨、明確に答弁している。

本答弁の最後で篠崎は「主治医の指導を踏まえ、精神保健福祉士がどのような相談援助業務を行うか、ここにつきましては精神保健福祉士の専門性の範疇でございまして、具体的な業務内容についてまで医師に拘束されるものではない」と閉めているように、ここでいう「指導」には拘束力があるのか否か、そしてあるのであればどの程度の拘束力があるのかについての更なる論点が浮上することになる。山本は「アドバイス」という言葉が登場したことについてじゃっかんの驚きを示しつつ、突如登場した「アドバイス」の拘束力に関して、「精神保健福祉士が自分で判断をして、これは医師のアドバイスを受けなければいけないと思えばアドバイスを受ける、アドバイスを受けないでいいと思えば自分で業務ができる」のか否かについて更なる質疑を行っている。それに対して篠崎は、主治医のいない「回復途上にある、あるいは寛解状態にある」精神障害者を除き、「主治医がいる場合には必ず指導を仰ぐ」必要がある旨、やはり明確に答弁している。「精神保健福祉士の専門性の範疇」についてもあくまで「主治医」の「指導の中身の中」に置いてのことである旨も加えて答弁している。ここでいう「主治の医師」の「指導」の範囲外となる「精神保健福祉士の専門性の範疇」について篠崎は、「例えば、社会復帰の場でもいろいろなものがありますでしょうし、まずは外への復帰が難しいという判断もあるかもしれません。あるいは、外の社会復帰施設の中でも、クリーニング工場がいいのか、その他の工場がいいのか、そういうもの」の相談援助業務を指すと答弁している。やや曖昧ではあるがここでの質疑／答弁を要約すれば、対象となる社会復帰途上の精神障害者（患者）が社会復帰を目指す際に支障となるような症状がある場合は主治医の指導の範疇となり、いよいよ社会復帰をするにあたりどのような場でそれを目指すのかの「場の選択」にかかわる相談援助は主治医の指導の範疇を外れて、精神保健福祉士の専門性の範疇となるということである。

精神保健福祉士が、「主治の医師」による「指導」（＝アドバイス）に従わずに業務遂行した場合、何らかの罰則が科せられることになるのか。山本はこの点について、「士法」第三二条「登録の取消し等」の特に二項に言及し、仮に医師の指導を受けずに業務を行った場合、免許取り消しもしくは停止対象となるのか否かについて質疑しているが、それに対して篠崎は、当該条項はあくまで「個々の事例の内容について判断」することとなる旨を先に述べたうえで、「例えば、精神障害者に主治医がいるにもかかわらず、その指導を受けずにその方が業務を行って、効果的な相談援助が行われず、結果として患者さんの症状の悪化を引き起こす」状況になった場合は、「精神保健福祉士の信用を失墜させる」ことになるため、「精神保健福祉士の資格の信頼性を保障するため、精神保健福祉士の登録を取り消し、または期間を定めて名称の使用の停止を命ずることができる」と答弁している。

「罰則」に関しては同じく「1128委員会」において中川が同様の質疑を行っており、それに対しては篠崎により上述同様、指導を受けずに業務を行い、結果的に患者の症状の悪化を引き起こるといった場合ではなく、そのような状況を招いたことによる「信用の失墜」の観点によって判断される旨、答弁している。

本項冒頭で述べた通り「1128委員会」において山本は小林に対して以上の質疑／答弁をふまえて、医師の「指示」を「指導」にすることによる「MSW」資格創設の可能性について問うている。しかしこれに対して小林は「MSW」の業務に関しては今後議論を深めていく旨の答弁に留まっている。

4　その他の論点

4-1　「士法」附則第二条「受験資格の特例」における受験資格取得方法の差異

本論点については主に「1128委員会」において山本と篠崎により質疑／答弁が交わされている。「士法」附則第二条では「この法律の施行の際現に病院、診療所その他厚生労働省令で定める施設において相談援助を業として行っている者」であって、「厚生労働大臣が指定した講習会の課程を修了した者」及び「病院、診療所その他厚生労働省令で定める施設において、相談援助を五年以上業として行った者」のいずれにも該当する場合は、法施行後五年以内となる二〇〇三年三月三一日までは「特例」として国家試験受験を可能としていた。山本による質疑の要点は、社会福祉士資格保持者と、現に精神保健医療福祉領域におけるソーシャルワーカー（無資格者含）として業務を行っている者との間における受験資格取得ルートの差異についてである。後者は上述の通り附則第二条により特例措置がとられたにもかかわらず、前者の社会福祉士は「第11号資格者」として、「士法」審議時はまだ存在していなかった「短期養成施設（六ヵ月）」への入学と必要科目の履修を要することとなった。山本は、後者に対する受験資格付与のあり方に関して「極めて安易な与え方」ではないかという質疑に対する厚生省側の答弁内容が「現在、精神科ソーシャルワーカーの多くは社会福祉系大学を卒業している者と承知しており、精神保健福祉士としての基礎的な資質は十分確保されているものと考えることから、講習会受講によって受験資格を与えることは決して安易ではない」と言うことであったことをふまえたうえで、両者ともに「同様に社会福祉系の卒業生が多い」とされているにもかかわらず、上述の受験資格取得課程に差異が存在することについて「なぜ社会福祉士の方だけ六カ月の短期養成施設での研修を義務づけなければいけない」のかという質疑を行っている。この質疑に対して篠崎は「社会福祉士の方もあるいは精神保健福祉士の方も、福祉系の大学を出ている方について比べますと、福祉系というところでは同じ」であるものの、「精神保健福祉士に求められる精神保健及び福祉に関する科目」については「六百六十時間」分必要であり、法案審議時における社会福祉士教育課程についてはこのうち「医学全体で六十時間」のみの履修となっており「約十倍の時間数の差」があり、この不足分について六ヵ月の短期養成施設への入学と履修が必要であるという答弁をしている。

ここで留意すべきは、まだ資格化されていなかったにも関わらず、精神保健医療福祉領域におけるソーシャルワーカーについては、現にその「養成」を行っている大学があるということが当該答弁の前提になっている点である。篠崎は法案審議時の時点で「精神科ソーシャルワーカー養成」を行っている大学で主に開講されている科目として「例えば精神医学ソーシャルワーク、あるいは精神医学、精神保健、精神科リハビリテーション論」等を挙げ、法成立後は「精神保健福祉論、先ほど申し上げました精神医学、精神保健学、精神保健福祉援助技術総論、各論、それから精神科リハビリテーション学、精神保健福祉援助技術演習、実習などを想定」している旨、答弁している。これがすなわち「六百六十時間」に該当するものといえる。これに対して山本は「精神科ソーシャルワーカーの養成を行っている大学」が「二十」あることが「調査室の資料」に載っているが、内、上述した科目を開講している大学は「七つしか」なく、「こういう形で、極めて限られた数科目の勉強をして出てきておられる、あるいは数科目だけ教えていることをとって精神科ソーシャルワーカーの養成を行っている大学だというふうにおっしゃることに、私はかなり無理がある」旨、及び科目の細分化の方向ではなく、「ゼネリックに勉強をするという方向で指定科目をつくっていくべき」である旨指摘している。

4-2　精神保健福祉士を必置とする等によるインセンティブの可能性

本論点については主に診療報酬としての位置づけという観点及び（特に精神科病院における）必置制の可能性に関して、「1128委員会」において山本が、また「1211委員会」において宮崎が質疑を行っている。後者に関しては厚生省保険局長（当時）の高木俊明（以下、姓のみ）が政府委員として答弁している。

山本は法案審議時、精神科病院における設置基準等において診療報酬上「精神科ソーシャルワーカー」となっている個所は精神保健福祉士に置換されるのか否かという点及び精神保健福祉士の活動の裏付けとなる財源確保について質疑している。これに対して篠崎は当時の障害者プランに沿って必要な予算の確保に努める旨、及び「精神科ソーシャルワーカー」に精神保健福祉士が内包される旨のごく基本的な答弁を行っている。しかし当初から精神保健福祉士は「必置制」にはしないことになっていた点に関して、山本による確認の意味を込めた質疑に対して、篠崎はその根拠として「精神病院あるいは社会復帰施設、保健所などに精神保健福祉士を配置することは私ども望ましいことと考えておりますが、現在資格を持たない精神科ソーシャルワーカーがこれらの施設において業務を行うことを排除することにつながりかねないことから、必置ということをしていない」という点を挙げる。すなわち、法案審議時において必置制（設置義務独占的な資格）にしない理由として、業務の排他性（一部業務独占）に接続する可能性があるということではなく、あくまで（無資格の）現任者排除の防止のためという理由を挙げている。答弁の後半では「これらの施設で働く精神科ソーシャルワーカーの質の確保の重要性にかんがみますと、今後これらの今申し上げました施設において既に働いているソーシャルワーカーの方が資格を取得することになるというようなことか、あるいは施設で新たに採用を行う際には積極的に精神保健福祉士を採用する、そういうようになることを期待」する旨、及び「医療機関の場合でございますが、精神保健福祉士に対する特別な診療報酬上の手当ては現在のところは考えておりませんけれども、将来的には診療報酬においてどのように評価すべきかを今後中医協などにおいて検討されるものというふうに期待」している旨の答弁に表れているように、あくまで雇用主側の自助努力によるものであるとしている。

以上の点は、「1211委員会」における宮崎と高木との間で同様の質疑／答弁がなされている。宮崎による精神保健福祉士の配置に伴う診療報酬上の位置づけについての質疑に対して、高木は「基本的にはその業務の実態というものを踏まえまして、どういうふうに診療報酬上位置づけていくか、これにつきましては今後中医協の御意見等もお聞きしながら、適切に対応していきたい」というようにやはりごく基本的な答弁を行っており、資格者配置に伴う具体的なインセンティブについては当該国会委員会においては明示されていない。

5 小括

以上、本章では、精神保健福祉士の「分業」化の根拠について、当該国会委員会による議事録の精査を通して、三つの論点に焦点化して整理検討を行った。

1節で整理した、社会福祉士とは「別建て」の資格を設ける「根拠」及びその「是非」は最も中心的な論点であり、取り上げ方の程度の差はあるものの委員はほぼ必ずこの点に触れていた。1節における質疑概要は、①ほんらいは領域横断的なソーシャルワーカー資格が創設されるべきではないかという点、及び②やはり社会福祉士とは「別建て」で資格化検討がなされていたものの、「医師の指示」のもとに業務履行する「医療職」として提案されていたことへの「反発」によりその実現が難航していた「ＭＳＷ」に先行して、保健医療領域という共通の領域において精神保健福祉士のみ創設することの根拠とその是非、の二点に分けることができる。

①については、社会福祉士は所管の法的根拠から「福祉一般の領域と比較して保健医療に関する専門性、特殊性の強い病院において入院者を対象として活動することを想定」してはいないため、社会福祉士の対象の「想定外」に該当する「精神症状が安定していない精神障害者の社会復帰に関する相談に応じ、助言、指導、訓練その他の援助」を行う専門職が「別建て」で必要であるという答弁がなされていた。また②については、精神科医療機関への入院・通院を問わず「主治の医師」がいる場合は、精神障害者に対する支援全般については医師の関与が必然であり、且つその規定外である社会福祉士、及びそれを是としない「ＭＳＷ」とは「別建て」の資格が、「士法」制定時の精神保健医療福祉の状況（特に精神科医療機関への社会的入院）をふまえると「早急」に必要であるという答弁がなされていた。

2節で整理した「士法」制定時に想定されていた精神保健福祉士の「業務」及びその「対象」については、精神保健福祉士の想定必要「数」及び想定される仕事の「場」における答弁のなかで明示されていた。すなわち「対象」については、上述の1節1項における対象、すなわち「精神病院に入院中の障害者やそこからの社会復帰途上にある精神障害者」（社会復帰していない精神障害者）であり、精神保健福祉士の主たる「業務」はその対象者を「退院」というかたちで「社会復帰」させることが第一義的な目的であるという内容である。この点において精神保健福祉士は、社会福祉士及び「ＭＳＷ」とは対象が異なっており、且つ早急に「別建て」資格が必要である旨の答弁がなされていた。

3節で整理した「士法」第四一条二項における「主治の医師」による「指導」の意味は、社会福祉士との「別建て」の資格創設の根拠というよりは、1節2項で上述した通り、同じ保健医療領域におけるソーシャルワーカーである「ＭＳＷ」からの「分立」資格創設の根拠に接続する。すなわち保健医療領域において、「精神」保健医療領域におけるソーシャルワーカー資格としての精神保健福祉士のみ先行して資格化が実現した理由は端的にいえば、その対象となる精神障害者に「主治の医師」がいる場合は必ずその「指導」を受けることを「協会」が諾したからであり、反対に「ＭＳＷ」の単独資格化が実現しなかった理由は「ＭＳＷ協会」がこれを拒んだからである[27]。ここでいう「指導」は「指示」とは異なり、いわば「アドバイス」であり、「主治の医師」がいる社会復帰を目指す際に支障となる症状がある精神障害者を対象とする場合は必ず受けなければならないと答弁されており、精神保健福祉士の自律的な専門性は対象者の社会復帰の「場の選択」等に係るものである旨の答弁がなされていた。

「士法」制定時における上述三つの国会質疑における論点は、対象者の「社会復帰」の「能否」を基準として既に存在していた社会福祉士及び「ＭＳＷ」の「対象外」とされた領域・職能を剔出するための論点であり、それはすなわち「協会」が切望していた精神保健福祉士の排他的職能の彫刻の過程であり、「分業」化の根拠を明確且つ強固にするための論点でもあった。しかし、４節１項で整理した「士法」附則第二条の受験資格特例における法制定時の精神保健福祉領域における「無資格ソーシャルワーカー」についての、社会福祉士資格者との相対的な「優遇」措置に関する論点については、単に社会福祉系大学を卒業しているという共通事項が了とはならない理由として、法制定時に現に「精神科ソーシャルワーカー」の「養成」を行っている大学があることが答弁の前提になっていたが、同時に当該関係科目開講状況のばらつきが明白となる質疑／答弁であった。また、４節２項で整理した精神保健福祉士創設に伴う何らかのインセンティブ付与の可能性に関する論点については、設置義務独占的な資格化の見通し、及び診療報酬上の優遇措置の可能性に関するものであったが、その実現に向けての具体的な答弁はなされなかった。この二つの論点は上述した三点の「分業」化の根拠議論に付随するものであり、ほんらいは「分業」化の根拠を強化すべきものでなければならなかったものの、実際の答弁内容を見るかぎり、却ってその根拠の曖昧性を露呈させるものとなっていた。

いずれにしても「士法」は上述の答弁をふまえて制定に至ることとなり、「協会」もそれを了としたのである。そして以上の論点は冒頭で上述した通り、「協会」が自らの領域（職域）拡大を根拠として精神保健福祉士を「ＭＨＳＷ」と呼称することを正式に決定し、更なる「越境」の意思を示しているいま、早急に「棚卸し」をしなければならない論点でもある。

終　章

1　本書のまとめ

本書では「事件」、及び精神保健福祉士の略称変更という二つの事象を通して「協会」による当該専門職の職域拡大の様相について述べてきた。

第1章では「事件」の概要を整理したうえで「一九年改正法案」に影響を与えることになったと考えられる「県報告書」及び「国報告書」の要点整理を行った。

「県報告書」の要点はUを雇用していた共同会及びやまゆり園の県への報告・連絡の不備の指摘に収斂されていた。しかし実際は共同会及びやまゆり園の「事件」前後の対策には必ずしも致命的な瑕疵は見当たらなかった。逆に、仮に共同会及びやまゆり園と県との連携が適切に行われていたと想定した場合、県が講じることができた可能性のある犯罪防止策の中身についてはあまり述べられていなかった。

「国報告書」は冒頭で「事件」の特異性を指摘したうえで共生社会の推進を掲げているものの、他方で全体の五割近くを割いて「事件」を精神障害者一般の問題としたうえで、精神保健福祉法における措置入院制度の不備、特に措置解除後のフォローアップ体制の不備に言及されていた。「国報告書」はそのうえで、（1）「退院後支援計画」の作成、（2）「調整会議」の開催、（3）措置入院先病院における「退院後生活環境相談員」の選任、（4）措置入院先病院における「退院後ニーズアセスメント」の実施の四点の提案を行っている。Uが精神疾患のカテゴリーに入るか否かが不明瞭であるにも関わらずその他害の危険性にのみ主眼が置かれることとなり、上記四点の提案は「あり方検討会報告書」を経て「二一九年改正法案」に取り入れられることとなった。

第2章では「事件」の検証報告であるはずの「中間とりまとめ」及び「国報告書」が「二一九年改正法案」の土台となった「あり方検討会報告書」の趣旨転換に接続した経緯について整理した。

「国報告書」は「重視した三つの視点」として、（1）「共生社会の推進」、（2）「退院後の医療等の継続的な支援を通じた、地域における孤立の防止」、（3）「社会福祉施設等における職場環境の整備」を挙げている。（1）では「事件」と精神障害との親和性を否定しているものの、他方（2）では問題の焦点を措置解除後のフォローアップ体制という精神医療の課題に一般化して述べている。「国報告書」は「事件」の特異性を述べておきながら、他方で措置入院解除後の一般的な問題の帰結の一例として「事件」を規定したうえで、精神医療の枠組みで再発防止策を展開していた。「国報告書」は「再発防止ための具体的な提言」として、（1）「共生社会の推進に向けた取り組み」、（2）「退院後の医療等の継続支援の実施のために必要な対応」、（3）「措置入院中の診療内容の充実」、（4）「関係機関等の協力の推進」、（5）「社会福祉施設等における対応」の五点を挙げているが、先述の通りその約五割を（2）から（4）までの精神医療の枠組みにおける再犯防止策に割かれており、（2）以降は「事件」の特異性についてはほとんど言及されることはなく、あくまで措置入院退院後のフォローアップ体制の不備に焦点があてられていた。第1章で詳述の通り、特に（2）では具体策として、「退院後支援計画」の作成、「調整会議」の開催、措置入院先病院における「退院後生活環境相談員」の選任、そして措置入院先病院における「退院後支援ニーズアセスメント」の実施を提案している。この四点は「あり方検討会」における議論の趣旨転換に接続することとなり、再発防止ではない旨を強調されながらもほぼそのまま「二一九年改正法案」当初法案に反映されることになった。

第3章では、国会上程された「二一九年改正法案」が「再発防止」を第一義的な趣旨としていた当初法案から「社会復帰（の促進）」に外装のみ趣旨転換されたものの、法案の真の目的である退院後管理を含む措置入院の徹底化という当初法案の理念はそのまま保持している点を明示したうえで、「事件」を経て「二一九年改正法案」に至るまでに「協会」より発出された一一の見解・要望について、法案の動向（特に「二一九年改正法案」当初法案から国会上程後に突如、趣旨転換された法案の前後）

とそれの発出のタイミングに留意しながら、「協会」による排他的職能要望の妥当性、正当性検証の端緒として詳解を行った。

「協会」は当初法案から「社会復帰（の促進）」に外装のみ趣旨転換された「二九年改正法案」に対して一定の評価をしたうえで、そこで規定された「社会復帰」の中身自体をあまり問うことなく、退院後生活環境相談員等の職務要件獲得にまい進していた。その結果、当該法案廃案後に発出された「地方公共団体による精神障害者の退院後支援に関するガイドライン」において配置促進が明示された「退院後生活環境相談担当者」の職務要件を獲得するなど一定の「成果」をあげることとなった旨も述べた。

第４章では「協会」による「ＰＳＷ」（Psychiatric Social Worker）から「ＭＨＳＷ」（Mental Health Social worker）への略称変更の妥当性について、社会福祉士とは別建てで制度化した「士法」制定時の根拠（立法事実）に焦点化したうえで整理検討を行った。

略称変更の契機として総じていえることは、すなわち精神保健福祉士の活動領域がメンタルヘルス領域全般に拡大しているという点である。しかしながら「士法」制定議論のなかで「求められていた人材」とは「病棟を離れて病院内外を行き来するパイプ役として精神障害者の社会復帰を支える専門職種」、「精神障害者の社会復帰のために必要な医療的なケア以外の支援を行う人材」であり、またその「対象」は「社会復帰の途上」（社会復帰を遂げていない）にある精神障害者とされていた。さらに「業務の範囲」については、あくまで「社会復帰の途上」にある精神障害者が主として治療

／支援を受けていることが想定される精神科病院、社会復帰施設、そして保健所等の行政機関が想定されていた。

要するに「士法」制定時の議論ではメンタルヘルスは国家資格としての精神保健福祉士の活動領域としては想定されていなかった。

その後、二〇一〇年の障害者自立支援法改正の一つとして「二二年士法改正」がなされたが、本改正に至る「士法改正検討会」では精神保健福祉士の領域拡大がうたわれており、結果的に従来役割に「精神障害者の地域生活を支援する役割」が加えられる方向で改正が行われ、社会福祉士とは別建てで必要とされた精神保健福祉士は、端的にメンタルヘルス領域におけるソーシャルワーカーとなった。「士法」制定時の経緯とともに社会福祉士との「住み分け」の課題等を棚上げしたうえで、現時点における精神保健福祉士の活動を素朴に表す限りにおいて「ＭＨＳＷ」の略称は、確かに正しい旨を述べた。

第５章では精神保健福祉士の「分業」化の根拠について「士法」制定時の国会委員会議事録に焦点化したうえで整理検討を行った。

社会福祉士とは「別建て」の資格を設ける「根拠」及びその「是非」については、①ほんらいは領域横断的なソーシャルワーカー資格が創設されるべきではないかという点、②「医師の指示」のもとに業務履行する「医療職」として提案されていたことへの「反発」によりその実現が難航していた「ＭＳＷ」に先行して、保健医療領域において精神保健福祉士を創設することの根拠とその是非について質疑がなされていた。

「士法」制定時に想定されていた精神保健福祉士の「業務」及びその「対象」については、先述の通り「精神病院に入院中の障害者やそこからの社会復帰途上にある精神障害者」、すなわち「社会復帰していない精神障害者」であり、その「業務」はその対象者を「退院」というかたちで「社会復帰」させることが第一義的な目的であるという質疑がなされていた。そしてこの点において精神保健福祉士は社会福祉士及び「ＭＳＷ」とはその対象が異なっており、且つ早急に「別建て」資格が必要である旨の答弁がなされていた。

「士法」第四一条二項における「主治の医師」による「指導」の意味については、同じ保健医療領域におけるソーシャルワーカーである「ＭＳＷ」から「分立」して資格化する根拠議論に接続しており、精神保健福祉士のみ先行して資格化が実現した理由は端的にその対象となる精神障害者に「主治の医師」がいる場合は必ずその「指導」を受けることを「協会」が諾したからであり、反対に「ＭＳＷ」の単独資格化が実現しなかった理由は「ＭＳＷ協会」がこれを拒んだからであることが国会質疑のなかで示されていた。またここでいう「指導」は「指示」とは異なり「アドバイス」であるものの、「主治の医師」がいる精神障害者を対象とする場合はその「アドバイス」（すなわち「指導」）を必ず受けなければならないと答弁されていた。

上述した国会質疑における論点は、対象者の「社会復帰」の「能否」を基準として既に存在していた社会福祉士及び「ＭＳＷ」の「対象外」とされた領域・職能を剔出するための論点であり、それはすなわち「協会」が切望していた精神保健福祉士の排他的職能の彫刻の過程であり、「分業」化の根拠を明確且つ強固にするための論点でもあった。しかしながら、①「士法」附則第二条の受験資格特例における精神保健福祉領域における「無資格ソーシャルワーカー」についての、社会福祉士資格者との相対的な「優遇」措置を設ける根拠、②精神保健福祉士創設に伴うインセンティブ付与の可能性に関する質疑も行われており、これら二つの論点は却って「分業」化の根拠の曖昧性を露呈させることとなっていた。

いずれにしても「士法」は上述の答弁をふまえて制定に至ることとなり、「協会」もそれを了としたのであった。だからこそ以上の論点は「協会」が自らの領域（職域）拡大を根拠として精神保健福祉士を「ＭＨＳＷ」と呼称することを正式に決定し、更なる「越境」の意思を示しているいま、本来的には早急に棚卸しをしなければならない論点でもあることを明示した。

2　子ども家庭福祉分野における新たなソーシャルワーク専門職構想の経緯
——ソーシャルワーク専門職資格統一化のゆくえ：今後の研究課題に代えて

前章までにおいて整理検討を行った二つの事象に加えて、「協会」による「社会復帰」を補助線とした職域拡大志向の明確な意思の発露に関する「更なる事象」が進行している。すなわち、子ども家庭福祉分野における新たなソーシャルワーク専門職国家資格化構想に関する議論である。本事象について、本書では本格的な検討を行うことはできない。ここでは記述が冗長になることを承知のうえで、今後の研究課題に代えて、主に「福祉新聞」の記事を追うかたちでその経緯のみ素描しておく。

制度的なレベルで当該の新国家資格化構想が顕在した発端、すなわち本事象の始点は一応、社会保障審議会児童虐待防止対策のあり方に関する専門委員会「報告書」（二〇一五年八月二八日）における「児童福祉司」の国家資格化の明記に置くことができる。これを継承する形で、同「新たな子ども家庭福祉のあり方に関する専門委員会」（二〇一五年九月七日〜二〇一六年三月一〇日）「報告（提言）」（二〇一六年三月一〇日）において公的資格創設の検討が明記される。特に同第二回委員会（二〇一五年一一月一八日）資料の「報告骨子案」では児童相談所等におけるスーパーバイザー専門職資格としての「国家資格」の創設が明記される。二〇一六年児童福祉法改正施行規則に基づく厚労省社会保障審議会児童部会社会的養護専門委員会（以下、社保審専門委員会と略す）の「市町村・都道府県における子ども家庭相談支援体制の強化等に向けたワーキンググループ」（二〇一八年九月一二日〜二〇一八年一二月二六日）においても同年三月に発生した児童虐待死事案も契機となり、「一部委員」（奥山眞紀子（国立成育医療研究センター）等）による強固な要望が出された（福祉新聞 2019a）[28]。

同年一二月二七日に公表された当該ワーキンググループ「とりまとめ」では児童分野における新国家資格化構想に関して「専門性を必要とされる多様で幅広い分野において、実務経験や専門性を十分に有する人材を配置することが不可欠」であり、「そのため、専門職としての自覚と責任、プロ意識を持った人材の養成・確保が必要で」あり、「そのためには国家資格化は有用な選択肢であり」、「精神保健福祉士同様、社会福祉士の一部を子ども家庭福祉の専門性に資するカリキュラムとした子ども家庭福祉士」を「あまり長期にならずに実現すべき」という推進意見が明示される一方、「社会福祉士等の国家資格が定着し取得者が一定数に達するまでには、二〇年〜三〇年以上の時間がかかって」おり、「（子ども家庭福祉分野における 筆者注）資格化については、相当長期で考える必要があり、資格化すれば全ての課題が速やかに解決するようなものではない」としたうえで、「児童福祉分野のソーシャルワークを担う人材の在り方の検討に当たっては、新たな公的資格を設けるということではないことも含めて検討すべき」であり、また「既にある社会福祉士や精神保健福祉士などの国家資格を活用すべきである」という意見も併記されることとなった。

翌二〇一九年一月二三日に開催された「ソーシャルケアサービス研究協議会」賀詞交歓会の場において田村憲久元厚労相（当時。後に大臣再任命）、橋本岳元厚労副大臣等複数議員が議連の立ち上げに言及する（福祉新聞 2019b）。後述するようにこの議連はその後、新国家資格化構想に慎重な立場をとる「地域共生社会推進に向けての福祉専門職支援議員連盟」（以下、田村議連〔慎重派〕と略す）として発足する。他方、同時期の同年一月二九日に超党派議連「児童虐待から子どもを守る議員の会」（会長：塩崎恭久元厚労相、第四九回衆議院議員総選挙後に長島昭久衆議院議員に交代。以下、塩崎・長島議連〔推進派〕と略す）が自民党の「児童の養護と未来を考える議員連盟」との共催で開催され、西澤哲（山梨県立大学）が提案する「国家資格」としての「子ども家庭福祉士（仮称）」に前向きな姿勢をみせる（福祉新聞 2019b）。同年一月に発生した児童虐待死事案も契機として、この時点で新国家資格構想に推進（賛成）もしくは慎重（反対）の立場をとる二つの議連が、同じ与党自民党代議士（衆議院議員）であり且つ厚労相経験者を会長として誕生している。同年二月二〇日の塩崎－長島議連（推進派）の会合には日本社会福祉士会会長の西島善久が出席して「新資格に反対」の意見を述べ、それに対して上述の西澤は「何の提案にもなっていない」と反論する等、「激論」が繰り広げられた（福祉新聞 2019b）。以上は同日の紙面であるが、当該紙面には日本精神保健福祉士協会常務理事らも出席した「社会福祉分野の研究者でつくる有志の会」による会見の様子について、木下大生（武蔵野大学）による「ソーシャルワーカーの国家資格を複数創設することは政策的にもちぐはぐ。このままでは障害や貧困、外国人などあらゆる分野で資格が必要になる（傍点筆者）」旨の新国家資格構想に疑問を呈する発言とともに掲載されている（福祉新聞 2019b）。

その後、二〇二〇年六月に改正された児童福祉法の附帯決議を受けて同年九月一〇日より「子ども家庭福祉に関し専門的な知識・技術を必要とする支援を行う者の資格の在り方その他資質の向上策に関するワーキンググループ」（二〇二〇年九月一〇日～二〇二一年一月二六日）が発足、計一〇回の会合が開催されている。同年一〇月一六日会合では「これまでの議論の中間整理（案）」が公表されている。中間整理の「子ども家庭福祉の資格の在り方」では「子ども家庭福祉に関し専門的な知識・技術を必要とする支援を行う者については、例えば児童福祉司には、現行の任用要件の中に社会福祉士等の資格があるが、現行の社会福祉士の養成のカリキュラムでは子ども家庭福祉に関する内容が十分ではな」いため、「児童相談所の児童福祉司や市区町村、民間施設等を含めた子ども家庭福祉全体のものとし、既存のソーシャルワークに関する共通科目や資格を基礎として、更に子ども家庭福祉に関する専門的な知識・技術の修得」をした「複合化・複雑化した課題への対応が求められる現状に鑑み、幅広い視点で家庭や社会に働きかけることができるための基盤となる知識や、子ども家庭福祉に関する専門的な知識・技術を有することを客観的に評価し、専門性を共通に担保できる仕組みが必要であり、資格の創設」が明記された。同年一〇月二六日付福祉新聞では「子ども分野の資格創設へ」とする見出しの記事が掲載されている。同じ紙面では既存の社会福祉士等の養成校団体である日本ソーシャルワーク教育学校連盟による調査結果の内容とともに、新資格には「反対」である旨の記事も掲載されている（福祉新聞 2020a）。その後同年一〇月二〇日会合での有識者ヒアリングを経て、一一月一七日に開催された会合では中間整理で出ていた既存のソーシャルワーカー専門職二資格の「上乗せ」資格の賛否が議論されている（福祉新聞 2020b）。

二〇二一年一月二六日に開催された当該ワーキンググループ最終日において国家資格について両論併記された「とりまとめ（案）」が提示され、同年二月二日に「とりまとめ」が公表された。なお最終の「とりまとめ（案）」に関する記事が掲載された同年二月一日付福祉新聞には同記事内に「国家資格化に反対する宮島清・日本社会事業大教授は『医師や弁護士は一つの資格なのに、なぜ分けようとするのか』と強調。加藤雅江・日本精神保健福祉士協会常任理事は、支援対象によって資格を分断するのは避けるべきとして、近く日本社会福祉士会などと統合に向けた文書を交わすことを明らかにした（傍点筆者）」旨の記述が比較的さらっと掲載されている（福祉新聞 2021a）。ここで述べられている「文書」は後述する「覚書」のことと思われる。なお「とりまとめ」に対して「連盟」は同四日付「【声明】『子ども家庭福祉に関し専門的な知識・技術を必要とする支援を行う者の資格の在り方その他資質の向上策に関するワーキンググループ』取りまとめに対する声明」において、「ソーシャルワーク専門職である社会福祉士や精神保健福祉士の国家資格を積極的に活用すべき」として当該分野における新資格創設に反対の見解を表明している。また「連盟」は同二四日、同時期に厚労相に再任されていた田村憲久（田村議連〔慎重派〕会長）に対して「児童福祉司が抱える事例への対応はソーシャルワークを基盤とすることが必要であり、ソーシャルワーク専門職である社会福祉士、精神保健福祉士を積極的に活用すべき」等を主旨とした「子ども家庭福祉に関する資格について（要望）」を直接提出している（福祉新聞 2021d）。

当該ワーキンググループにおける新国家資格化構想に関する両論併記のとりまとめ後の「連盟」の動向と前後して、塩崎・長島議連（推進派）は同年一月二九日に厚労省子ども家庭局長を招へいして会合を開き、会長の塩崎は国家資格化を支持する姿勢を示している（福祉新聞 2021b）。ちなみに同時期、国家資格化には反対の立場である日本ソーシャルワーク教育学校連盟が独自の上乗せ認定資格課程を二〇二二年度内に創設することを目指すことを表明する旨の記事が出ている（福祉新聞 2021c）。他方で同年四月一日、田村議連（慎重派）が、この後に新国家資格化構想議論が予定されていた社保審専門委員会を見据えて開催される。会合にはソーシャルワーク教育学校連盟会長白澤政和が上述した「二〇二一年度から大学などで先行実施する子ども家庭分野の専門科目や、国家資格に上乗せする認定制度、スクールソーシャルワーカー研修」を紹介、また日本社会福祉士会会長、「協会」会長もそれぞれ既存資格の活用について発言している（福祉新聞 2021e）。

二〇二一年四月二三日、第二七回社保審専門委員会が開催される。当該委員会では資料として「子ども家庭福祉に関し専門的な知識・技術を必要とする支援を行う者の資格の在り方その他資質の向上策に関する議論の叩き台」が提示されている。当該委員会以降、第四一回委員会（二〇二二年二月三日）まで計一五回の会議が開催されることになる。同年六月二九日開催の第三〇回委員会では職能団体等からヒアリングを行っている（福祉新聞 2021f）。ヒアリングには日本社会福祉士会会長、「協会」会長、そしてソーシャルワーク教育学校連盟会長が、それぞれ新国家資格化構想に反対の立場として出席している。日本社会福祉士会会長西島は「医師や看護師のようにＳＷの資格は一つであるべきと主張」（傍点筆者）。「協会」会長田村は「かつて社会福祉士にとって医療分野は対象外だったために精神保健福祉士が誕生した」経緯とともに「結果的に社会福祉士よりも制度的な位置付けが遅れる弊害」がある旨述べている（福祉新聞 2021f）。

社保審専門委員会における議論の最中、塩崎‐長島議連（推進派）は二〇二一年九月三〇日、一一月一二日に会合を開催している。九月三〇日の会合は第四九回衆議院議員総選挙の告示前であり、不出馬を明言していた会長の塩崎による最後の会合であった。当該会合では新国家資格化構想について「政治決断の問題であり、大人同士の都合による利害調整ではない」とした決議がまとめられた。また塩崎会長は「精神保健福祉士ができる時には、社会福祉士は最後まで反対していた。人材の養成と定着を図るために、早く進めるべき」と述べたとある（福祉新聞 2021g）（なおここでの塩崎による精神保健福祉士資格化に「社会福祉士が最後まで反対」していたという発言の真意は定かではないが、筆者も第4章でじゃっかんの経緯の整理を行っている通り、実際はそれほど単純な経緯ではなかったことは付記しておく）。一一月一二日は同衆院選後の会合であり上述の通り会長が議員を引退した塩崎から長島に交代してからの初会合である。当該会合にはこの時点ですでに国家資格化しない方針を示していた厚労省子ども家庭局長も出席し、まずは認定資格（民間資格「子ども家庭福祉ソーシャルワーカー」（仮称））（福祉新聞 2021i）を設けて資格保持者を増やすことが重要である旨を述べている（福祉新聞 2021h）。これに対して複数議員からは「国家資格を作るべき」との発言が相次ぎ、最終的には議連として「仮に制度設計に時間がかかるなら改正法案提出の延期も辞さない覚悟で臨むべき」として「子ども家庭福祉に関する新たな独立型の国家資格を求める決議」が採択されている（福祉新聞 2021h）。

同年一二月七日、第三九回社保審専門委員会の場で報告書案が提示され「人材育成」項目において「子ども家庭福祉分野で支援に携わる者の資質の向上を図るため、新たな資格（子ども家庭福祉ソーシャルワーカー（仮称））を創設する」と明記されるも、賛成・反対両論併記となり、結論は年明けに持ち越されることになった（福祉新聞 2021i）。また同年一二月二四日に自民党厚生労働部会が、各職能団体等が招へいされたうえで開催されている。当該部会でも議員間で賛否が分かれたものの、当部会幹部による「児童虐待に対応する資格はそもそも規模が小さく国家資格としては成り立たない」という談話が記事として掲載されている（福祉新聞 2022a）。翌二〇二二年一月二八日、当該部会は児童福祉法改正施行から二年経過後に再度検討を行うという条件付きで、新資格国家資格化を見送る方針を決める（福祉新聞 2022b）。

同年二月三日、第四一回社保審専門委員会において、「国家資格として既存の社会福祉士・精神保健福祉士とは独立した資格とすべきであること」等の反対意見があったことも明記したうえで、国家資格化は見送られることとなった（福祉新聞 2022c）。同年二月一〇日に公表された「令和三年度社会保障審議会児童部会社会的養育専門委員会報告書」中の新資格に関する要点は以下の通りである。

児童相談所、市区町村、民間機関等を含め、広く子ども家庭福祉の現場にソーシャルワークの専門性を十分に身につけた人材を早期に輩出するため、まずは、一定の実務経験のある有資格者や現任者について、国の基準を満たした認定機構（仮称）が認定した研修を受講するとともに、認定機構（仮称）が実施する試験（研修の効果も測定する実践的な内容のもの）を経て、認定機構（仮称）から子ども家庭福祉ソーシャルワーカー（仮称）として認定される認定資格を導入すること。

※ 既存の社会福祉士・精神保健福祉士の有資格者について、相談援助の実務経験を二年以上有す

ること。

※ 現任者について、当分の間は、①子ども家庭福祉分野の相談援助の実務経験を四年以上有すること、②保育士は、四年以上の実務経験を有すること。対象となる保育士の範囲は、相談援助や保護者対応等の経験に留意しつつ、今後検討すること。

また、現任者については、ソーシャルワークを学ぶ研修も受講すること。

※ 研修は 一〇〇 時間程度とし、現場で働く者が業務と両立できるよう、オンライン授業やレポート審査などその内容を工夫すること。

※ 研修や試験の内容等については、今後、施行に向けて検討すること。

・この新たな認定資格は、児童福祉司の任用要件を満たすものとして児童福祉法上位置づけること。また、現場への任用が進むよう、児童相談所のスーパーバイザーになりやすい仕組みや施設等に配置するインセンティブを設定すること。

以上で述べてきた新国家資格化構想の経緯に関連して、「協会」は上述の「覚書」をめぐりやや不明瞭な動きをしている。当該の「覚書」は公表されていない。以降の記述は憶測ではなくあくまで公表物を土台に経緯概要を記述している。

二〇二一年七月一五日付協会会報である『精神保健福祉』(No.233)(日本精神保健福祉士協会 2021)に掲載されている理事会報告(概要)において、連盟により「社会福祉士、精神保健福祉士の資格を統一し、新たな資格を創設に向けて取り組む」（原文ママ）と記述された「覚書」が作成されたものの、協会の「根幹にかかわる重要事項が含まれるにもかかわらず、理事会決議等の組織決定の手続を欠くため無効であり、加えて協会内での議論が尽くされていないことから現時点での事後承認をしない」ことが、新資格議論の場が社保審専門委員会に移った時期でもある二〇二一年五月三〇日協会臨時理事会において提案のうえ承認された旨の説明記載がある。また当該事案に関しては協会会員専用サイトにおいて文書作成のうえ公開されることもあわせて確認されている（二〇二一年六月九日付「『覚書』に係る本協会の対応について」として会員限定で公開済）。

　ここまで述べてきた「更なる事象」は、職域拡大志向（第1章〜3章）を明確にしている「協会」と精神保健福祉士に対して避けて通ることはできない「ジレンマ」を生起させる。すなわち、精神保健福祉士「分立」資格化の経緯（第4章〜5章）をふまえれば、子ども家庭福祉分野における新たなソーシャルワーク専門職（新国家資格化構想）という「分立」資格構想についてもほんらいであれば容認せざるを得なくなる。さらに「覚書」に対する「協会」対応にあらわれているように、「協会」がソーシャルワーク専門職資格の統一化に「保留」あるいは「反対」の立場を示すのであれば、やはり同様に新国家資格化構想という「分立」資格構想も容認せざるを得なくなる。

　以上から今後の研究課題として以下の「問い」の設定がなされる。すなわち両者ともソーシャルワーカーという同種の「専門」職であるにも関わらず、加えて新国家資格化構想に反対の立場をとる際には、特にこの点を強調していたにも関わらず、なぜ社会福祉士と精神保健福祉士という当該専門職資格のみ「分立」したうえでの存在が許容されるのか、という至極シンプルかつ根源的な「問い」である。この「問い」を換言すれば、社会福祉士とは異なる限定的な目的をもつ「別建て」の資格が「早急」に必要であることを種々の「根拠」を基にしたうえで希求し、それを精神保健福祉士というかたちに結実させ、制度的に排他的職能を獲得したという経緯があるにも関わらず、「分立」資格化の根拠でもある当初の領域の「越境」を志向している「協会」に「妥当性」と「正統性」は存するのかという「問い」である。この問いは今後、本書で詳述してきた二つの事象の更なる分析・精査に加えて、終章においてその端緒のみ述べてきた新国家資格化構想に関する事象の精査を通して解題されるということになる。

[注]

1　筆者はこれまで本書主題における論点を含ませながら医療観察法と精神保健福祉士との関係について検討を行ってきた（樋澤 2008、同 2011、同 2016a、同 2016b、同 2017、同 2019）。

2　医療ソーシャルワーカーの職能団体は二〇一一年より「日本医療ソーシャルワーカー協会（Japanese Association of Social Workers in Health Services〔略称：JASWHS〕）」と名称及び略称を変更している。これにならえば当該専門職の略称は「ＳＷＨＳ」が適切であるが、本書においては文脈上、当該専門職略称を「ＭＳＷ」、職能団体略称を一律「ＭＳＷ協会」と表記する。

3　筆者は二〇二一年四月、特定非営利活動法人情報公開クリアリングハウス（理事長 三木由希子氏）の助言を受けつつ、国（厚生労働省）及び神奈川県それぞれに対して所定の手続きにしたがって「国検討チーム」及び「検証委員会」それぞれの「議事録」の情報公開請求を行ったものの、両者ともに全面的に非公開の回答を得ている。

4　「事件」及び精神医療保健福祉関連報告書等の出典は以下の通り（引用順、二〇二一年三月現在）。

・「津久井やまゆり園事件検証報告書」（津久井やまゆり園事件検証委員会（神奈川県）、二〇一六年一一月二五日）
http://www.pref.kanagawa.jp/uploaded/attachment/852956.pdf

・「中間とりまとめ～事件の検証を中心として～」（相模原市の障害者支援施設における事件の検証及び再発防止策検討チーム（厚労省）、二〇一六年九月一四日）
http://www.mhlw.go.jp/stf/shingi2/0000136814.html

・「報告書～再発防止策の提言～」（同上、二〇一六年一二月八日）
http://www.mhlw.go.jp/stf/shingi2/0000145268.html

・「報告書」（これからの精神保健医療福祉のあり方に関する検討会、二〇一七年二月八日）

http://www.mhlw.go.jp/stf/shingi2/0000152029.html
・「今後議論すべき論点について（案）」（同上、医療保護入院等のあり方分科会、二〇一六年七月二一日）
http://www.mhlw.go.jp/stf/shingi2/0000130963.html
・「今後議論すべき論点について（案）」（同上、新たな地域精神保健医療体制のあり方分科会、二〇一六年七月一五日）
http://www.mhlw.go.jp/stf/shingi2/0000130440.html
・「精神保健医療福祉の改革ビジョン」（厚生労働省精神保健福祉対策本部、二〇〇四年九月二日）
http://www.mhlw.go.jp/topics/2004/09/tp0902-1.html
・「精神保健医療福祉の更なる改革に向けて」（今後の精神保健医療福祉のあり方等に関する検討会、二〇〇九年九月二四日）
http://www.mhlw.go.jp/shingi/2009/09/s0924-2.html
・「保護者に課せられた各義務規定を削除した場合の論点」（新たな地域精神保健医療体制の構築に向けた検討チーム、二〇一一年九月八日）
http://www.mhlw.go.jp/stf/shingi/2r9852000001oph7.html
・「入院制度に関する議論の整理」（同上、入院制度に関する「新検討チーム」第3ラウンド、二〇一二年六月二八日）
http://www.mhlw.go.jp/stf/shingi/2r9852000002e9rk.html
・「良質かつ適切な精神障害者に対する医療の提供を確保するための指針案」（精神障害者に対する医療の提供を確保するための指針等に関する検討会、二〇一三年一二月一八日）
http://www.mhlw.go.jp/stf/shingi/0000032502.html
・「長期入院精神障害者の地域移行に向けた具体的方策の今後の方向性」（長期入院精神障害者の地域移行に向けた具体的方策に係る検討会（上記を改称）、二〇一四年七月一四日）
http://www.mhlw.go.jp/stf/shingi/0000051136.html

5 「二五年改正法」成立までの道筋については主に太田順一郎ほか編（2014）、木太直人（2015）、宮部真弥子（2015）、精神保健福祉研究会（2016）を参考にしている。

6 「病床転換型居住系施設」に関するものとして藤井克徳ほか（2014）、立岩真也（2015）等がある。また本事案に関して作業療法学（士）の立場から継続的に批判的検討を行っている長谷川利夫（杏林大学保健学科教授）は厚労省が主に用いている「病床転換」は「今ある病棟をそのまま施設に転換してしまうという悪いイメージを払拭し」、良質な医療の提供のための精神病床の機能分化の一手法という文脈に押し止めようとする意思が見て取れるとしている（長谷川 2014：29-30）。

7 「重度かつ慢性」については平成二五年度厚労科研「精神障害者の重症度判定及び重症患者の治療体制等に関する研究」により以下の通り暫定基準（案）として定義されている（日本精神科病院協会 2016）。

　精神症状が下記の重症度を満たし、それに加えて、①行動障害、②生活障害のいずれか（または両方）が下記の基準以上である場合に、重度かつ慢性の基準を満たすと判定する。身体合併症については、下記に該当する場合に治療上の特別の配慮が必要と判定する。

1．精神症状：BPRS総得点四五点以上、または、BPRS下位尺度の一項目以上で六点以上（後略）。

2．行動障害：（中略）問題行動評価表を用いて評価する。1～27のいずれかが「月に一～二回程度」以上に評価された場合に、「問題行動あり」と評価する（後略）。

3．生活障害：障害者自立支援法医師意見書の「生活障害評価」を用いて評価する。その評価に基づいて、「能力障害評価」を「能力障害評価表」の基準に基づいて評価する。「能力障害評価」において、4以上に　評価されたものを（在宅での生活が困難で入院が必要な程度の）生活障害ありと判定する（後略）。

4．身体合併症：精神症状に続発する下記の身体症状を入院治療が必要な程度に有する場合に評価する。

①水中毒、②腸閉塞（イレウス）、③反復性肺炎

8 但し「協会」幹部による論考では措置入院のあり方については「事件」以前より課題として取り上げていた旨が述べられている（木太 2015、田村 2017）。

9 「協会」以外の「関係団体」出席者（団体名）は以下の通り（資料記載表記に基づく）。社会福祉法人日本身体障害者団体連合会、全国身体障害者施設協議会、全国手をつなぐ育成会連合会、公益財団法人日本知的障害者福祉協会、全国「精神病」者集団、公益社団法人全国精神保健福祉連合会、公益社団法人日本精神科病院協会、日本多機能型精神科診療所研究会（相模原市の障害者支援施設における事件の検証及び再発防止策検討チーム（第七回）資料1より。https://www.mhlw.go.jp/stf/shingi2/0000141629.html）。

10 「国報告書」についても公表直後に開催されている第五回検討会（二〇一六年一二月二一日）の場において資料として配布されている。

11 例えば、当初法案が提案された二〇一七年四月一一日の厚生労働委員会、その二日後に当初法案の趣旨が修正（削除）された概要が配布された同一三日午後の同委員会、趣旨削除のために一般質問となり、厚労相（塩崎恭久〔当時〕）の「お詫び」がなされた同二〇日の　同委員会における主に野党議員による質疑を参照。

12 「協会」以外の「出席依頼団体」は以下の通り（資料記載表記に基づく）。NPO法人全国地域生活支援ネットワーク、（公社）全国精神保健福祉連合会、（一社）日本精神科看護協会、（公社）日本精神科病院協会、（一社）全国地域で暮らそうネットワーク、（一社）日本精神保健福祉事業連合、全国手をつなぐ育成会連合会、（一社）日本発達障害ネットワーク（JDDnet）。

13 CiNiiには一九九九年一二月発行三〇巻一号以降の情報がある。また「メディカルオンライン『文献』サービス」で「機関誌」旧名である『精神医学ソーシャル・ワーク』で検索した場合、一九九七年一二月

発行三七号以降の情報が閲覧できるが、措置入院を主題として取り上げている論考は見当たらない。

14 当該見解・要望は以下の通り。

①「『精神保健及び精神障害者福祉に関する法律』改正に関する要望について」（二〇〇四年一一月二二日、提出先：厚労省社会・援護局障害保健福祉部精神保健福祉課長宛、「措置入院制度に関して運用の地域格差をなくすために運用制度に関する規定を全国で統一していくこと。（第二九条関係）」「措置入院期間および隔離状況が一年以上の長期に及ぶ場合は書面審査のみでなく、現地調査を行い状態の確認をするよう規定すること。（第三八条の二関係）」

②「二〇一二年度診療報酬改定に関する要望について」（二〇一一年六月三日、提出先：厚労省社会・援護局障害保健福祉部精神・障害保健課長及び同保険局医療課長宛、措置入院退院者含む「『精神科地域定着連携指導料（仮称）』」の新設要望）

③「二〇一四年度診療報酬改定に関する要望について」（二〇一三年六月二六日、提出先：厚労省保険局医療課長及び同社会・援護局障害保健福祉部精神・障害保健課長宛、措置入院退院者含む「『精神科地域定着連携指導料（仮称）』」の新設要望）

④「精神保健福祉法施行三年後の見直しに関する意見」（二〇一五年一二月二八日、提出先：厚労省社会・援護局障害保健福祉部長宛、「非自発的入院制度の見直しの必要性」のなかで「本来的には、非自発的入院の最小化を図る制度設計がなされるべきで、医療保護入院制度を措置入院制度の1類型に再編し、なんらかの地方公共団体の長に入院同意と入院中の権利擁護機能を持たせるとともに、医療保険を適用するとしても医療費の一部負担金は原則公費負担とするべきである」との意見表明）

15 当該ガイドラインでは、退院後計画作成のための入院中に開催する「会議」への警察の参加については、

「例外的に、例えば、退院後に再び自殺を企図するおそれがあると認められる者や、繰り返し応急の救護を要する状態が認められている者等について、警察が支援関係者として本人の支援を目的に参加することは考えられるが、この場合は、事務局は、本人及び家族その他の支援者から意見を聴いた上で、警察以外の支援関係者間で警察の参加についての合意が得ることが必要である。この際、本人が警察の参加を拒否した場合には、警察を参加させてはならない。／警察の参加に関する本人、家族その他の支援者、支援関係者の意見の確認は、客観性を担保する観点から、書面等により行うことが望ましい」（同ガイドライン一一－一二頁）としており、きわめて慎重な表現ながらも、警察関与を否定してはいない。

16 なお、「協会」第六回定時総会（二〇一八年六月一七日、国際ファッションセンター）の〔報告事項〕に対して、代議員による「今後、メンタルヘルスソーシャルワーク、メンタルヘルスソーシャルワーカーという用語を積極的に使っていくのか？」という質疑に対して「協会」執行部は「現時点で方針は出ていない。現在、『PSW通信』で『PSWという名称を考える』を連載しているが、本協会の英語表記をはじめ議論を深めていく必要がある、と回答」した旨の記録がある（日本精神保健福祉士協会 2018b：3）。またこれより前、少なくとも二〇一七年度の「協会」ブロック会議において「本協会の英語表記に関する件」として「MHSW」への略称変更の議題が提示されている。その後、二〇一九（令和元）年度ブロック会議では「報告（確認）事項」として「本協会の英語表記等の変更に関する件」が次の「協会」総会に提案される旨、提示されている。そのうえで二〇二〇（令和二）年六月二一日に開催された「協会」第八回定時総会において「第二号議案 定款の変更に関する件」として「本協会の英語による表記及び略称の変更」提案され、各ブロック代議員からの種々の意見が出たうえで承認されるに至っている（賛成七一人、保留七人、反対三人、棄権〔無効〕一人）。なお本書ではこの議題にしたがい引用箇所以外は「略称」という表記に統一している。

17 「二〇二二年士法改正」に至るまでの七回の付帯決議は以下の通り。

①第一〇九回国会臨時会、衆議院社会労働委員会（一九八七年九月一〇日）、精神衛生法等の一部を改正する法律案に対する附帯決議（「……／三　精神科ソーシャル・ワーカー等の専門家の養成とその制度化などマンパワーの充実に努めること」）。

②同上、参議院社会労働委員会（一九八七年九月一八日）、同上（「……／三、医師、精神科ソーシャル・ワーカー等の専門家の養成などマンパワーの充実に努めること」）。

③第一二六回国会常会、衆議院厚生委員会（一九九三年六月四日）、精神保健法等の一部を改正する法律案に対する附帯決議（「……／四　精神保健におけるチーム医療を確立するため、精神科ソーシャルワーカー及び臨床心理技術者の国家資格制度の創設について検討するとともに精神保健を担う職員の確保に努めること」）。

④同上、参議院厚生委員会（一九九三年六月一〇日）、同上（「……／四　精神保健におけるチーム医療を確立するため、精神科ソーシャルワーカー及び臨床心理技術者の国家資格制度の創設について検討するとともに、精神保健を担う職員の確保に努めること」）。

⑤第一二九回国会常会、参議院厚生委員会（一九九四年六月二二日）、健康保険法等の一部を改正する法律案に対する附帯決議（「……／七、入院・在宅を通じて、精神障害者や難病患者など長期療養を要する患者に対しては、施策全般にわたる見直し拡充を図ること。とりわけ、精神障害者については、社会復帰のための各般の施策の拡充及び施設整備の計画的推進を図ること。その一環として診療報酬上の評価について検討を加え、また、マンパワーの確保を進めるとともに、精神科ソーシャルワーカー等の資格制度について、早急に検討すること」、なお、同、衆議院厚生委員会では「……精神医療におけるマンパワーの確保……」という表現となっている）。

⑥第一三二回国会常会、衆議院厚生委員会（一九九五年四月二六日）、精神保健法の一部を改正する法律

案に対する附帯決議（「……／三　精神保健におけるチーム医療を確立するため、精神科ソーシャルワーカー及び臨床心理技術者の国家資格制度の創設について検討を進め、速やかに結論を得ること」）。

⑦同上、参議院厚生委員会（一九九五年五月一一日）、同上（「三、精神保健におけるチーム医療を確立するため、精神科ソーシャルワーカー及び臨床心理技術者の創設について検討を進め、速やかに結論を得ること」）。

18　ちなみに医療状況の基礎的資料である『病院報告』（毎年一〇月一日付数値）における「病床種類別病床数」、「病床の種類別及び病床規模別にみた平均在院日数」、「職種別にみた病院の従事者数」の一九九七年、及び二〇一七年の各報告数は以下の通り。

・一九九七年「病床種類別病床数」における精神病床数：三五万九七七八床、「病床の種類別及び病床規模別にみた平均在院日数」における精神病床：四二三・七日、「職種別にみた病院の従事者数」における「医療社会事業従事者」：一三六四名。

・二〇一七年「病床種類別病床数」における精神病床数：三三万一七〇〇床、「病床の種類別及び病床規模別にみた平均在院日数」における精神病床：二六七・七日、「職種別にみた病院の従事者数」における「医療社会事業従事者」：七二一六名（内、精神保健福祉士：六八九二名）。

また三年ごとに調査報告されている『患者調査』における「傷病分類別にみた病院の病床の種類別推計入院患者数」、「傷病分類別にみた年齢階級別退院患者平均在院日数（九月一日～三〇日）」、「病院の病床の種類別にみた在院期間別推計退院患者数構成割合」の一九九六年、及び最後に数値が報告されている二〇一一年の各報告数は以下の通りである。「病院の病床の種類別にみた在院期間別推計退院患者数構成割合」のうち「一年以上」の割合は一九九九年から、「傷病分類別にみた病院の病床の種類別推計入院患者数」の精神病床入院患者数、「病院の病床の種類別にみた在院期間別推計退院患者数構成割合」のうち精神病床の「一年以上」在院者数の数値は二〇一四年以降、公表されていない。

・一九九六年「傷病分類別にみた病院の病床の種類別推計入院患者数」における「精神病床」入院患者数：三二万五九〇〇人、「傷病分類別にみた年齢階級別退院患者平均在院日数」三三〇・七日、「病院の病床の種類別にみた在院期間別推計退院患者数構成割合」のうち「一年以上」の割合：一五・二%。

・二〇一一年「傷病分類別にみた病院の病床の種類別推計入院患者数」における「精神病床」入院患者数：二九万三四〇〇人、「傷病分類別にみた年齢階級別退院患者平均在院日数」二九六・一日（宮城県の石巻医療圏、気仙沼医療圏及び福島県を除いた数値）。

19 国会委員会議事録を主たる題材として、種々のテキスト分析の手法を用いて精査・分析している論考は、例えば本邦における基本的な論文検索システムであるCiNii（NII学術情報ナビゲータ）で一般雑誌を除いたうえで「国会」、「議事録」で単純な論理演算検索（AND検索）を行うかぎりにおいても一二三件ヒットする（二〇二一年八月現在）。筆者も医療観察法及び精神保健福祉法改正議論の検討を行う際に国会委員会議事録の精査・分析を行っている（樋澤2017）。本章で取り上げた国会委員会議事録の検討を行っているものとして山手（1999→2003）がある。また、「機関誌」以外の「士法」制定に関する主な特集号として、『こころの科学』における特集（安西ほか編〔1999〕）、『日本精神病院協会雑誌』における特集（日本精神病院協会編〔1999〕）、制定直前のものとして『社会福祉研究』における特集（鉄道弘済会社会福祉部〔1997〕）等がある。同時期の関連する特集号として『精神療法』における特集がある（『精神療法』編集委員〔1999〕）。加えて、「士法」制定過程を主題とした主な論考として田中（2000）、堀口（2001）、京須（2006）、立花ほか（2008）、葛西（2010）、吉川（2011）等がある。また、社会福祉士資格制度誕生の経緯と「ＭＳＷ」資格化「頓挫」の経緯について、ソーシャルワーク統一資格を是とする立場から分析検討行っているものとして秋山（2007）。社会福祉士と精神保健福祉士との資格「統合」の可能性に言及しているものとして山野（2004）。隣接領域である「臨床心理士」及び「公認心理師」資格創設に至る過程について、筆者の問題関心にもつながるものとして丸山による一連の論考がある（丸山（2004）、同（2012）、同（2016）、同（2018））。本章では、以上の各論考を参考にしつつ、刑事法学の視点から国会委員会議事録を題材として医療観察法成立過程に関するきわめて詳細な分析を行っている中山（2005）を特に精査・分析「方法」の参考にしている。

20 小林は「協会」第三五回全国大会（一九九九年七月一六日・一七日、北海道厚生年金会館）において「士法」資格化に関する記念講演を行っている（講演時、厚生省健康政策局長、小林 2000）。また当該大会において「協会」名が「日本精神保健福祉士協会」に改称されている。

21 「士法」案が国会上程された際の篠崎のインタビュー記事が『医療』に掲載されている（メジカルフレンド社〔1997〕）。

22 「ＭＳＷ」資格化構想の「目処」に関して、山本は「医療ソーシャルワーカーの御担当が小林保健医療局長で、社会福祉士の御担当が炭谷社会・援護局長で、今回の精神保健福祉士法の担当が篠崎障害保健福祉部長で、それぞれお三方」に対して「医療領域におけるソーシャルワーカーの資格のあり方というものをどう考えていくのか、どういうふうにしたいと思っているのか」について質疑している。それに対して、篠崎は「（「士法」※筆者注）法案成立後、速やかに検討を開始したい」考えとともに、「医療ソーシャルワーカーの資格のあり方の検討に当たっては、福祉関係職種とするかあるいは医療関係職種と位置づけるかなど、その性格をめぐって関係者の間にもさまざまな意見がありまして、いろいろと難しい問題が残されて」いるおり、また「医師との関係を整理することも大変重要なこと」である旨の答弁している。炭谷は篠崎と同意見であると答弁しつつ、「ただ、一つつけ加えさせていただきますならば、私どもの所管いたしております社会福祉法人の第二種社会福祉事業という中に無料・低額医療事業というのがございます。その中で医療ソーシャルワーカーさん、大変活躍されている。例えば、先日ある社会福祉法人にお伺いしましたところ、六人の医療ソーシャルワーカーを置いて、そして年間六千件の相談を受けているという大変活発な事例をお聞きしまして、大変感銘を受けました。ですから、これからも社会福祉法人においてこのような活躍というのは期待されるところ」である旨の答弁している。小林も同じく同意見であると答弁しつつ、「医療職種とするか福祉職種とするかという概念が、働いていらっしゃる皆さん方にもある、厚生省の中にも若干ある」として、「そういう概念をできるだけ早く取っ払って、余り医療だ福祉だということでなくて、うまくいくようにできるだけしていきたい」旨の答弁をしている。

23 「士法」制定時の精神科病床数や従事者数については注18を参照。

24 障害者プランにおいてはじめて精神障害者の社会復帰施策に関する二〇〇二年度までの数値目標が明記されている。例えば精神障害者生活訓練施設（援護寮）は六〇〇〇人、精神障害者社会適応訓練事業は五〇〇〇人、精神科デイケア施設は一〇〇〇か所等とされていた。なお、当該数値目標と実際の達成状況について萩原（2019）による詳細な対照表がある。

25 「指定施設における業務の範囲等について」（各都道府県知事あて、厚生省大臣官房障害保健福祉部長・社会・援護・老人保健福祉・児童家庭局長連名通知、障第三五二号・社援第一五一八号・老発第四一六号・児発第四六三号、平成一〇年〔一九九八年〕六月一二日付）において、社会福祉士の実務経験対象施設に「病院、診療所及び老人保健施設」が追加されている。さらに「（前略）厚生労働大臣が別に定める施設及び事業」（厚生省告示第二百三号、昭和六十二年〔一九八七年〕十二月十五日）の改正文（平成一八年〔二〇〇六年〕三月三一日、厚生労働省告示第三〇五号）において医療法に規定する病院及び診療所及び介護保険法に規定する介護老人保健施設等が追加された。社会福祉士の実務経験対象施設、及び養成機関における実習施設に病院・診療所が加えられた経緯については、秋山（2007）、竹中ほか（2009）等を参照。

26 「1128委員会」における山本と小林の質疑／答弁において、山本は「指示」から「指導」に修正したことに関連して柏木昭（対談時、「協会」会長）と大谷藤郎（元厚生省公衆衛生審議会会長、対談時、国際医療福祉大学学長）による対談論考（大谷・柏木〔1997〕）における柏木による発言（「〔前略〕『指示』ではなく『指導』という言葉を今回の法案で使うことで、〔※日本看護協会等　筆者注〕理解されたようです。〔後略〕」）を取り上げている。

27 一九八七年の厚生省社会局による精神科ソーシャルワーカーも含む「医療ソーシャルワーカー」等の国家資格化の検討方針、及び一九九〇年に同じく厚生省による医療分野における国家資格である「医療福祉士（仮称）資格化にあたっての現在の考え方」が打ち出され、「ＭＳＷ」の国家資格化の可能性がきわめて現実性の高い状況になっていたにも関わらず、前者では福祉職ではなく「医療職」としての位置づけに対して、後者では骨子案に明記されていた「医師の指示」のもとに業務遂行することに対して、当時の「ＭＳＷ協会」が明確に反対の立場を取り、分立資格を目指していた当初の方針を変更し、社会福祉士への一本化へと路線変更したことにより、当時、交渉窓口が同じであった「協会」による精神医療領域におけるソーシャルワーカーの資格の現実化も遠のいた経緯については第4章2節を参照。

28 当該見解・要望は以下の通り。

①「『児童虐待防止対策のあり方に関する専門委員会報告書』に関する提案及び依頼」（二〇一五年九月一七日、日本社会福祉士会会長、日本精神保健福祉士協会会長、日本社会福祉士養成校協会（当時）会長、日本精神保健福祉士養成校協会（当時）会長、日本社会福祉教育学校連盟（当時）会長、日本社会福祉学会会長発、提出先：児童虐待防止対策のあり方に関する専門委員会委員長宛、「〔前略〕新たな資格を検討するのではなく、（または検討する前に）〔中略〕社会福祉士及び精神保健福祉士（中

略）これら国家資格の積極的活用を前提とした検討を提案します（後略）。」）

②「『新たな子ども家庭福祉のあり方に関する専門委員会報告 骨子案』についての要望」（二〇一五年一一月二五日、同上発、厚労省社会・援護局長、同 雇用均等・児童家庭局長、社保審児童部会新たな子ども家庭福祉のあり方に関する専門委員会委員長宛、「（前略）骨子案『2-（2）子ども家庭福祉を担う専門職の資格化』において、『専門職を国家資格として創設する』とあるが（中略）現時点においては拙速に新たな国家資格の創設を検討するのではなく（中略）任用要件としていただきたい。／また、その際は以下の理由（略）から社会福祉士、精神保健福祉士を基礎要件としていただきたい（後略）。」）

③「『新たな子ども家庭福祉のあり方に関する専門委員会報告案（たたき台）』についての意見」（二〇一五年一一月三〇日、同上発、同上宛、「（前略）児童相談所に必要な人材として、『児童心理司、保健師、医師について法律上、児童相談所への配置を明記する。』ということであれば、ソーシャルワーク業務を行う国家資格である社会福祉士及び精神保健福祉士が記されておらず（中略）この記述は到底容認できるものではなく、当然のことながら社会福祉士及び精神保健福祉士も法律上に明記することとすべきである（後略）。」）

④「児童福祉に関する国家資格を創設するという報道についての声明」（二〇一八年七月五日、にほん社会福祉士会会長、日本医療社会福祉協会（当時）会長、日本精神保健福祉士協会会長、日本ソーシャルワーカー協会会長、日本ソーシャルワーク教育学校連盟会長発、塩崎・長島議連（推進派）同年六月一三日会合における塩崎会長発言に対する声明）

⑤「児童福祉司に関する国家資格等の専門資格創設に反対する意見」（二〇一八年一二月五日、同上発、社保審専門委員会市町村・都道府県における子ども家庭相談支援体制の強化等に向けたワーキンググループ座長宛、「（前略）改めて児童福祉司の専門資格創設には反対であることを強く表明します。／

児童福祉司およびスーパーバイザーの専門性の向上は当然必要ですが、そのための方法として、ソーシャルワーク専門職である社会福祉士や精神保健福祉士の国家資格を積極的に活用し、これらの国家資格の所持を児童福祉司の任用要件とすべきです（後略）。」）

⑥「『子ども家庭福祉に関し専門的な知識・技術を必要とする支援を行う者の資格の在り方その他資質の向上策に関するワーキンググループ』取りまとめに対する声明」（二〇二一年二月四日、「連盟」発、「この間のWGの議論において、私たちは、社会福祉士・精神保健福祉士の有資格者が実地訓練を重ねながら、スーパービジョンを含む新たな研修体系の中で養成されるべきという主張を繰り返し、また専門職団体の責務として、その研修体系を早急に構築することを提案してきました。一部には、新たな国家資格の創出に関する事実誤認に基づく報道もされていることから、従来の私たちの見解を改めて述べさせていただきます。／1　虐待対応をはじめ、児童福祉司がかかえる事例への対応は（中略）ソーシャルワーク専門職である社会福祉士や精神保健福祉士の国家資格を積極的に活用すべきです。／2（中略）新たな国家資格の創出よりも現任者研修の強化が急務です。／3（中略）職員の待遇を改善することが重要です。（中略）配置構造の変容を求めます。／（中略）子ども家庭福祉にかかわるすべての現任ソーシャルワーカーに対する研修等を強化し（中略）社会福祉士・精神保健福祉士を対象とした研修プログラムを開発し、『子ども虐待の予防と対応研修』を年度内に開始します（後略）。」）

⑦「子ども家庭福祉に関する資格について（要望）」（二〇二一年二月二四日、「連盟」発、厚労大臣宛、「（前略）新たな資格の創設について、資格制度の立て付けや付与方法については継続検討とされますが、一部の報道では国家資格創設と誤解を与えかねない報道がなされました。／日本ソーシャルワーカー連盟は、一貫してソーシャルワーク専門職である社会福祉士、精神保健福祉士の活用促進が虐待防止に最も効果的であるとの主張をしてきました。そこで、改めて下記の事項について要望致します。

／1 児童福祉司が抱える事例への対応はソーシャルワークを基盤とすることが必要であり、ソーシャルワーク専門職である社会福祉士、精神保健福祉士を積極的に活用すべきである。／2 専門性の向上には、社会福祉士および精神保健福祉士のソーシャルワーカー養成課程での充実に加え、児童虐待に対応できる高度な専門性を有する社会福祉士を養成する認定社会福祉士制度を推進していくべきである。当面の課題としては、現任者研修の強化を図るべきである。／3 児童福祉司の専門性の向上には実践知や経験値の積み上げが必要であり、短期間の異動等がないよう配置構造の改善が必要である。」）

あとがき

本書は、筆者の前著『保安処分構想と医療観察法体制――日本精神保健福祉士協会の関わりをめぐって』（生活書院、二〇一七年）の「あとがき」で記したことについてほそぼそとではあるが書き溜めてきた論文を加筆修正したものである。すなわち「池田小事件」後の「動向」と「酷似」している二〇一六年の「事件」と「二九年改正法案」の審議過程とそれに付随した「協会」による排他的職能獲得の動向、及び明白な職域拡大の意思を公然と示す契機となった精神保健福祉士の「略称」の変更経緯の詳解である。

「はじめに」及び「終章」は書下ろしである。それ以外の初出は以下の通りである。各章の「つなぎ」の部分や全体の統一性保持のため相当の補足修正及びじゃっかんの加筆を行っている。

第1章：「相模原障害者殺傷事件を契機とした精神保健福祉制度の動向（第一報）―『検証委員会報告書』（県）及び『検討チーム報告書』（国）の要点整理―」『人間文化研究』28：73-89, 2017.

第２章：「相模原市障害者等殺傷事件を契機とした精神保健福祉制度の動向（第二報）―『あり方検討会報告書』の趣旨転換の様相―」『人間文化研究』30：45-57, 2018.

第３章：「相模原市障害者等殺傷事件を契機とした精神保健医療福祉制度の動向（第三報（最終報））―二〇一九年精神保健福祉法改正法案に対する日本精神保健福祉士協会の見解・要望の妥当性について―」『人間文化研究』32：25-40, 2019.

第４章：「日本精神保健福祉士協会による〝Psychiatric Social Worker〞から〝Mental Health Social worker〞への名称変更提案の『根拠』の妥当性―『精神保健福祉士法』制定時の議論の整理を通して―」『人間文化研究』34：45-57, 2020.

第５章および終章の一部：「精神保健福祉士法制定時の国会議事録にみる『分業』化の根拠―『ＰＳＷ』から『ＭＨＳＷ』への略称変更の妥当性（第二報）―」『人間文化研究』37：101-118, 2022.

前著は筆者の博士論文（『保安処分構想から医療観察法体制へ――日本精神保健福祉士協会の関わりを中心に』立命館大学大学院先端総合学術研究科先端総合学術専攻、二〇一五年度）を土台として公刊された。それは二〇一六年三月に提出され、同年七月一九日の公聴会を経て、同年三月末日付（二〇一五年度）で遡及授与された。前著は「池田小事件」を立法の「加速」の契機と捉えることができる医療観察法の成立過程、及び「協会」による当該法成立に至るまでの関与の過程を精査・詳解したうえで、医療観察法における「社会復帰」の本来的な意味について論証を行ったものであることは既述の通りである。換言すれば、社会的承認の度合いが相対的に脆弱である名称独占資格を基礎としたソーシャルワーク専門能団体が、自らの専門職性を強固にするために医療観察法を「奇貨」としていかなるコトバを用いて排他的職能を獲得したのかについて整理検討を行ったものである。すなわち前著は「社会復帰」支援の専門職の、専門職たる所以の根拠は何かという問いに対する筆者なりの取り急ぎの「解」を提示したものであった。

筆者はこの後、それの「有無」の精査も含めたソーシャルワークの普遍的な専門性について検討を行うために、その前段階の作業として当該事象等を契機として「協会」がかちとってきた排他的職能と本来的な専門職能との「異同」について整理検討を開始する予定であった。その矢先、前述公聴会の一週間後の七月二六日に「事件」が発生した。

その日の早朝、種々の媒体から逐次、流れ出てくる速報を見聞きしつつ、「事件」の凄惨さに比して、まったくと言ってよいほど何の痛みも苦しみも悲しみも怒りも湧き出てはこなかった。その理由はいまでもよく分からないが、そのとき筆者を覆った感情は率直にいえば「加害者」と「被害者」が「自分でなくて良かった」という卑怯で下劣でさもしいとしかいいようのない「安堵」感にくわえて、「被害者」及び「加害者」と筆者とは果たして「異なる」人間であると言い切れるのかという困惑と狼狽と恐怖であった。後者を換言すれば、筆者が「被害者」にも「加害者」にもならなかった理由は、この世に存在する際の薄紙一枚程度のほんのすこしの差異によるものだったのではないかという恐怖である。前著の「あとがき」でも述べているが、このときの感情について筆者はいまでも整理などできてはいないし、だからこそいまだ「事件」についてこれ以上のことを述べることはできない。

ただし筆者は「事件」以降、心の奥底に無意識のうちにそっとしまい込んであった自らの醜い「偏見」の団塊に連日くさびを打ち込まれ、それが少しずつ抉り出されている気分に陥っている。この感情は筆者が大学で「福祉」を冠する拙い講義を行っていることと無関係ではない。大仰な「福祉」の理屈を口から吐き出すたびに不快で厭わしい腐臭を帯びた自身の「偏見」も同時に姿を顕そうとしてくる。どんなに押し隠そうとしても自身の言説などお為ごかしでしかないことを見透かされているかの如く滲み出てくるその腐臭を帯びた「偏見」は、実のところ筆者の存在そのものであることの当惑と嫌悪。

いずれにしても前著をふまえて予想できたことは、「事件」を契機として「福祉」はまた自らの領域拡大に向けて確実に動き出すだろうということであった。「事件」のような事象が起きると、往々にしてその事件の被疑者のきわめてミクロな個別性は捨象され、事象惹起の根拠と「断定」された被疑者を実存させる一部分でしかない「医療的／社会的特性」にのみ焦点が当てられ範疇化される。そしてその属性を最大公約数として、それに包含される者をごっそりと対象とするマクロな法制度成立の契機となる。直近でいえば前著で取り上げた医療観察法や本書で取り上げた「二九年改正法案」はその証左であると思う。

冒頭で述べた通り、本書はこれらの法制度に付随して果たして「福祉」は何を語り如何なる動きを見せたのかについて整理したものであるが、この作業は同時に、自らから滲み出てくる腐臭をおびた「偏見」をあえて自ら抉り出し、恐る恐るではあるがそれと対峙するための「端緒」でもある。

謝辞

本書の刊行にあたっては多くの方々のご指導とご助言、そして励ましを頂いた。ここにその全ての方のお名前を挙げることはできない。関係の皆様に感謝申し上げる。

立命館大学大学院先端総合学術研究科の立岩真也先生には、同生存学研究所客員研究員の受け入れを許諾頂いている。ここ数年は名ばかり研究員の状態で不義理となっており、昨今は新型コロナウイルス禍による自由な移動の不全状態がそれに輪をかけている（実際のところ「多数派」が適合できるようにつくられているこの社会においてはコロナ禍以前からすでに「移動の不全状態」に置かれた「少数派」が当然ながら存在しているわけであり、今世における「一律平等」にふりかかったコロナ禍は、そのことに気付いているようで実は全く気付けていなかったことに対する恥ずかしさとともに、「多数派」の驕りを意識化する契機にもなっている。しかしながら早く収束してほしい）。本書は立岩先生なくして成り立ち得なかった。御礼申し上げる。

勤務先である名古屋市立大学大学院人間文化研究科は筆者に良質な研究環境を与えてくれている。研究とは社会からの信頼と負託に基づくものであることをふまえれば公立大学法人に勤務する筆者にとって本書刊行は「義務」でもある。

日頃、筆者の支えになっており且つ同業者でもある妻の海津夕希子には特段の謝意を表しておきたい。

本書の元になった論文は、むろん当初から単著化を志向していたものではない。そのため必ずしも首尾一貫した内容とはなっていない。正直なところ「粗」も否めない。むろんその責はすべて筆者にある。しかしながらできうる限り多くの方に自身の見解を披歴したうえで、「密林」の星の数のように容易く表されるものではない、真剣且つ真摯なご意見やご批判を得るためにはどうしても書籍化したいという思いがあった。筆者の無理なお願いに対して生活書院の髙橋淳氏は、本書出版に際して前著同様に粘り強く、且つ丁寧なご対応を頂いた。感謝の言葉しかない。

本書はJSPS科研費JP19K02189（「社会福祉学における『社会復帰』概念に関する研究——『触法精神障害者』対策を通して——」2019-2021）の助成を受けた研究の成果である。記して御礼申し上げる。

樋澤　吉彦

二〇二一年七月

育学科研究誌』14：57-66.
立岩真也（2015）『精神病院体制の終わり 認知症の時代に』青土社.
竹中麻由美ほか（2009）「医療福祉事業の現状——医療ソーシャルワークを巡る動向」『川崎医療福祉学会誌』19：237-248.
田村綾子（2017）「いのちの尊厳の軽視と精神障害者支援 相模原障害者施設殺傷事件がといかけてくるもの」（日本精神保健福祉士協会 2017：14-19）.
鉄道弘済会社会福祉部編（1997）『社会福祉研究』69.
富島喜揮（2017）「PSW という名称を考える 第 3 回 たとえどうであれ、『魂』変わらず」『PSW 通信』211：6.
東京新聞（2018）東京新聞、2018 年 3 月 13 日朝刊.
山野尚美（2004）「社会福祉士と精神保健福祉士の資格統合の可能性」（→同志社大学社会福祉学会ほか編（2004：266-272））.
山手 茂（1999）（→山手（2003））「社会福祉専門職研究の方法と課題 -- 京極高宣氏からの批判に答える」『東洋大学社会学部紀要』36(3)：335-349.
————（2003）『社会福祉専門職と社会サービス』相川書房.
吉川公章（2011）「精神保健福祉士とソーシャルワーカー」『ソーシャルワーク研究』37(2)：35-42.

水野拓二（2016）「相模原障害者施設殺傷事件に思う」（日本精神保健福祉士協会 2016：266）．

宮部真弥子（2015）「精神障害者に対する医療の提供を確保するための指針の策定について―地域移行を推し進めるために必要な精神保健福祉士のかかわり―」（日本精神保健福祉士協会 2015：13-16）．

中山研一（2005）『心神喪失者等医療観察法案の国会審議――法務委員会の質疑の全容――』成文堂．

日本精神病院協会編（1999）『日本精神病院協会雑誌』18(7)．

日本精神科病院協会（2016）「これからの精神保健医療福祉のあり方に関する検討会ヒヤリング資料」（2016(平成26)年2月25日）https://www.mhlw.go.jp/file/05-Shingikai-12201000-Shakaiengokyokushougaihokenfukushibu-Kikakuka/0000113718.pdf.

日本精神保健福祉士協会（2015-）「日本精神保健福祉士協会ホームページ」https://www.jamhsw.or.jp/.

――――（2015）『精神保健福祉（特集 改正精神保健福祉法を現場から検証する――法改正をチャンスに転換するために――）』46(1)．

――――（2016）『精神保健福祉（特集 精神保健福祉法改正を現場から検証する――法改正をチャンスに転換できているか？』47(4)．

――――（2017）『精神保健福祉（特集 帰るChange 鍛えるTrain 固めるStrengthen――中期ビジョン2020を地元に 職場に 自分のものに―）』48(1)．

――――（2018a）「『地方公共団体による精神障害者の退院後支援に関するガイドライン』及び『措置入院の運用に関するガイドライン』について」（2018年3月29日）https://www.jamhsw.or.jp/backnumber/oshirase/2017/0329.html.

――――（2018b）『PSW通信』215．

――――（2021b）『PSW通信』233．

日本精神保健福祉士協会50年史編集委員会編（2014）『日本精神保健福祉士協会50年史』日本精神保健福祉士協会．

大橋雅啓（2018）「PSWという名称を考える 第4回 PSWはソーシャルワーカーです」『PSW通信』212：4．

太田順一郎ほか編（2014）『精神保健福祉法改正』批評社．

大谷藤郎・柏木 昭（1997）「緊急対談 なぜPSWの単独資格化なのか」『ばんぶう』193：133-137．

大屋未輝ほか（2017）「座談会：相模原障害者施設殺傷事件を考える――精神保健福祉士の実践を通して」（日本精神保健福祉士協会 2017：4-13）．

佐藤恵美（2018）「PSWという名称を考える 第5回 すべての人にとってこころの健康という観点から」『PSW通信』213：4．

『精神療法』編集委員編（1999）『精神療法』25(2)．

精神保健福祉研究会（2016）『精神保健福祉法詳解（四訂）』中央法規出版．

柴山久義（2018）「PSWという名称を考える 第6回 PSWとMHSW」『PSW通信』214：11．

田中利宗（2000）「医療・保健の分野で働くソーシャルワーカーの過去、そして、未来――精神保健福祉士の誕生を受けて」『弘前学院大学・弘前学院短期大学紀要』36：50-56．

立花直樹ほか（2008）「精神保健福祉士の成立過程と課題」『大阪薫英女子短期大学児童教

――――（2016a）「保安処分に対する『日本精神医学ソーシャル・ワーカー協会』(現日本精神保健福祉士協会）の「対抗」と「変節」の過程」『人間文化研究』25：77-99.
――――（2016b）「心神喪失者等医療観察法における『社会復帰』の意味」『人間文化研究』26：37-65.
――――（2017）『保安処分構想と医療観察法体制――日本精神保健福祉士協会の関わりをめぐって』生活書院.
――――（2018）「書評りぷらい 保安処分構想と医療観察法体制：日本精神保健福祉士協会の関わりをめぐって」『社会福祉学』59(1)：143-146.
――――（2019）「医療観察法における『社会復帰』の意味について――『「本法における医療」継続の担保措置としての「本法における医療」』の継続的提供状態としての『社会復帰』――」『精神医療』96：60-68.
堀口久五郎（2001）「『精神保健福祉士』資格制度の存立基盤と教育カリキュラムの再検討――『精神障害者福祉論』の確立を求めて」『人間科学研究』23：119-137.
葛西久志（2010）「精神保健福祉士の専門職論――精神保健福祉士の専門職性要件の具備的状況」『弘前学院大学社会福祉学部研究紀要』10：11-23.
柏木　昭（2017）「PSW という名称を考える 第 2 回 その成り立ちと込められた期待」『PSW 通信』209：6.
柏木一惠（2019）「メンタルヘルスソーシャルワークへの挑戦 我々は社会の病理に立ち向かえるか？」『精神保健福祉』50(1)：10-14.
木村真理子（2017）「PSW という名称を考える 日本精神保健福祉士協会の英語名称の変更についての提案」『PSW 通信』208：6.
木太直人（2015）「精神保健福祉法改正と協会の動き」（日本精神保健福祉士協会 2015：9-12）.
小林秀資（2000）「記念講演 精神保健福祉士国家資格化に寄せて」『精神保健福祉』31(2)：25-31.
厚生省大臣官房障害保健福祉部精神保健福祉課（1998）『精神保健福祉士法詳解』ぎょうせい.
京須希実子（2006）「福祉系国家資格制定過程の研究――『専門職』形成のメカニズム」『産業教育学研究』36(1)：57-64.
丸山和昭（2004）「専門職化戦略における学会主導モデルとその構造――臨床心理士団体にみる国家に対する二元的戦略」『教育社会学研究』75：85-104.
――――（2012）「学会資格と国家資格――『心理師』構想を巡る心理諸学会の対応を中心に」『日本教育社会学会大会発表要旨集録』64：2-3.
――――（2016）「公認心理師法の政策形成・決定過程――日本臨床心理士会の動向を中心に」『名古屋高等教育研究』16：133-154.
――――（2018）「多職種連携教育はいかにして国家資格カリキュラムに組み込まれたか――公認心理師カリキュラム等検討会の議事録分析」『名古屋高等教育研究』18：281-301.
メヂカルフレンド社（1997）「＜インタビュー＞精神保健福祉士の国家資格化について、篠崎
英夫厚生省大臣官房障害保健福祉部長に聞く」『医療』13(8)：43.

文　献

朝日新聞（2016）朝日新聞東京版、2016 年 7 月 27 日 夕刊.
秋山智久（2007）『社会福祉専門職の研究』ミネルヴァ書房.
安西信雄ほか編（1999）『こころの科学』88.
同志社大学社会福祉学会ほか編（2004）『社会福祉の思想・理論と今日的課題』筒井書房.
福祉新聞（2016）福祉新聞、2016 年 8 月 1 日.
――――（2017）福祉新聞、2017 年 2 月 20 日.
――――（2018）福祉新聞、2018 年 12 月 17 日.
――――（2019a）福祉新聞、2019 年 1 月 7 日.
――――（2019b）福祉新聞、2019 年 2 月 4 日.
――――（2020a）福祉新聞、2020 年 10 月 26 日.
――――（2020b）福祉新聞、2020 年 11 月 30 日.
――――（2021a）福祉新聞、2021 年 2 月 1 日.
――――（2021b）福祉新聞、2021 年 2 月 8 日.
――――（2021c）福祉新聞、2021 年 2 月 15 日.
――――（2021d）福祉新聞、2021 年 3 月 1 日.
――――（2021e）福祉新聞、2021 年 4 月 21 日.
――――（2021f）福祉新聞、2021 年 7 月 5 日.
――――（2021g）福祉新聞、2021 年 10 月 12 日.
――――（2021h）福祉新聞、2021 年 11 月 23 日.
――――（2021i）福祉新聞、2021 年 12 月 23 日.
――――（2022a）福祉新聞、2022 年 1 月 18 日.
――――（2022b）福祉新聞、2022 年 2 月 8 日.
――――（2022c）福祉新聞、2022 年 2 月 15 日.
藤井克徳ほか（2014）『病棟から出て地域で暮らしたい 精神科の「社会的入院」問題を検証する』やどかり出版.
萩原浩史（2019）『詳論 相談援助――その基本構造と形成過程・精神障害を中心に――』生活書院.
長谷川利夫（2014）「『病棟転換型居住系施設』問題の背景と危険性」（藤井ほか 2014：13-36.）
橋本 明（2018）「書評　樋澤吉彦著　保安処分構想と医療観察法体制：日本精神保健福祉士協会の関わりをめぐって」『社会福祉学』59(1)：140-142.
樋澤吉彦（2008）「心神喪失者等医療観察法における強制的処遇とソーシャルワーク」『Core Ethics』4：305-317.
――――（2011）「心神喪失者等医療観察法とソーシャルワークとの親和性について」『生存学』3：155-173.
――――（2014）「治療／支援の暴力性の自覚、及び暴力性を内包した治療／支援の是認について――吉田おさみの狂気論を通して」『現代思想』42(8)：207-223.

本書のテキストデータを提供いたします

本書をご購入いただいた方のうち、視覚障害、肢体不自由などの理由で書字へのアクセスが困難な方に本書のテキストデータを提供いたします。希望される方は、以下の方法にしたがってお申し込みください。

◎データの提供形式＝CD-R、メールによるファイル添付（メールアドレスをお知らせください）。

◎データの提供形式・お名前・ご住所を明記した用紙、返信用封筒、下の引換券（コピー不可）および200円切手（メールによるファイル添付をご希望の場合不要）を同封のうえ弊社までお送りください。

●本書内容の複製は点訳・音訳データなど視覚障害の方のための利用に限り認めます。内容の改変や流用、転載、その他営利を目的とした利用はお断りします。

◎あて先
〒160-0008
東京都新宿区四谷三栄町6-5木原ビル303
生活書院編集部　テキストデータ係

キリトリ線

【引換券】

ソーシャルワーク専門職
資格統一化のゆくえ

著者紹介

樋澤　吉彦（ひざわ・よしひこ）

1973年、長野県上田市(旧小県郡武石村)生まれ。

立命館大学大学院先端総合学術研究科先端総合学術専攻一貫制博士課程修了。博士(学術)。現在、名古屋市立大学大学院人間文化研究科教員。

専門：社会福祉学、ソーシャルワーク論。

主著：『保安処分構想と医療観察法体制——日本精神保健福祉士協会の関わりをめぐって』(生活書院、2017年)

ソーシャルワーク専門職資格統一化のゆくえ
——相模原事件と「日本精神保健福祉士協会」の動向

発　行——二〇二二年八月五日　初版第一刷発行
著　者——樋澤吉彦
発行者——髙橋　淳
発行所——株式会社　生活書院
〒一六〇—〇〇〇八
東京都新宿区四谷三栄町六-五
木原ビル三〇三
TEL　〇三—三二二六—一二〇三
FAX　〇三—三二二六—一二〇四
振替　〇〇一七〇—〇—六四九七六六
http://www.seikatsushoin.com

印刷・製本——株式会社シナノ

Printed in Japan
2022© Hizawa Yoshihiko
ISBN 978-4-86500-144-0

定価はカバーに表示してあります。
乱丁・落丁本はお取り替えいたします。

保安処分構想と医療観察法体制

――日本精神保健福祉士協会の関わりをめぐって

樋澤吉彦　　A5判並製　320頁　本体3000円

構造的類似性から一種の保安処分と同定でき、差別的で均衡を逸した制度としてある医療観察法。何故、日本精神保健福祉士協会は実質的且つ積極的に関与するのか？

「再犯のおそれ」と「医療の必要性」という、相反的であり且つ相補的でもある処遇要件を完備した医療観察法。その法へのPSWの関与の強度の過程を精査することを通して、精神保健福祉士（PSW）の活動の価値基盤の中にもともと強制性が内包されていたという必然を解題する。